Padrão Estrutural
do Sistema de Ensino no Brasil

Rejane de Medeiros Cervi

Padrão Estrutural do Sistema de Ensino no Brasil

EDITORA IBPEX

Curitiba
2005

EDITORA IBPEX

Rua Tobias de Macedo Júnior, 319
Santo Inácio · CEP 82010-340 · Curitiba · Paraná · Brasil

Editor-chefe · *Lindsay Azambuja*

Editores-assistentes . *Adriane Ianzen, Jerusa Piccolo*

Análise de informação · *Adriane Ianzen*

Revisão de texto e linguagem dialógica · *Sandra Regina Klippel*

Capa · *Denis Kaio Tanaami*

Projeto gráfico · *Bruno Palma e Silva*

Diagramação · *Claudemir S. Beneli*

C419s Cervi, Rejane de Medeiros
Padrão estrutural do sistema de ensino no Brasil / Rejane de Medeiros Cervi. – Curitiba : Ibpex, 2005.
275 p.

ISBN 85-99583-01-8

1. Educação. 2. Educação – Brasil. I. Título.

CDD 370.981
20. ed.

1ª reimpressão, 2008.

A Maria Francisca, minha neta,
minha esperança.

O sistema de ensino jamais deverá ser considerado mais do que um dos fatores da educação na vida das pessoas. (Bertrand Schwartz, em A Educação Amanhã, p. 64.)

A mera modernização do ensino não acabará com os empecilhos estruturais. (Pièrre Furter, em Educação e Vida, p. 51.)

Apresentação

O que penou muito para formar suas crenças, sabe respeitar a dos outros. (José Inginieros, em O Homem Medíocre, p. 59.)

O estudo da realidade escolar brasileira é uma tarefa de rotina. A visualização, compreensão e julgamento dos problemas que retratam a nossa atualidade educacional são requisitos básicos para todos que se embrenham na profissão pedagógica e aí querem evoluir. Assim, entendemos que o exercício do questionamento contínuo faz parte da melhor vivência na organização escolar.

Entretanto não se trata de reconhecer o sistema fora de sua razão histórica. Além de sua configuração representar, em cada momento, a sucessão de conjunturas sociais, o que poderia ser meramente descrito, é importante que encaminhemos o reconhecimento das implicações possíveis do sistema de ensino em seus contextos, de modo que se vislumbrem hipóteses de explicitação do movimento diferencial que rege suas mudanças ou, ao menos, suas turbulências. É na encruzilhada das interpretações possíveis que se estabelecem os dilemas, matéria dos questionamentos que devem animar a reflexão no cotidiano pedagógico.

Portanto a análise da realidade escolar submete-se , também, à especulação da manifestação de seu estado de eterna carência e infindável debate, apenas detectáveis a partir de concepções sociológicas. As conquistas alcançadas pela ação de educar não amenizam os impasses e desafios que se acumulam com a expansão da sociedade e os imperativos de qualificação vital. É em função desse entendimento, pois, que privilegiamos o exercício do questionamento, considerado mais importante do que a reprodução de respostas conclusivas, estas, tão presentes nos relatos estritamente funcionais e nos discursos cansados.

É por aí que podemos defender a idéia de que as finalidades e princípios da educação escolar precisam ser compreendidos em sua provisoriedade, a despeito do seu teor de permanência ou, mesmo, de quase fatalidade.

Não bastasse essa condição temporal, os sistemas de ensino podem ser vistos como pertencentes a realidades que, quando compreensivas, permitem graus de flexibilidade de seu padrão estrutural. Ou seja, queremos advertir sobre a possibilidade de constituir-se um espaço formativo que integre trajetórias alternativas. É bom lembrar que a noção de universalização escolar não implica, obrigatoriamente, na imposição da uniformização do sistema de ensino. Ao contrário, é interessante que se explore a possibilidade de uma universalização sem padronização.

A projeção do sistema de ensino, sob a luz dessa última hipótese, pode ser facilitada ou não pela configuração administrativa adotada. Esferas, instâncias e competências administrativas, dentro de um modelo de autonomia organizacional, poderiam proporcionar um perfil flexível de estruturação da formação. No entanto, em nossa realidade, a configuração ainda mal resolvida sugere a reiterada ocorrência de conflitos. Além disso, não podemos omitir a existência de posições contrárias à qualquer manifestação de autodeterminação dentro do sistema escolar.

De que vale, pois, estudar o sistema de ensino brasileiro? Para os profissionais do ensino, aproximar-se da realidade de modo a reconhecê-la, analisá-la, posicionar-se perante um entendimento e questioná-la, constitui-se no recurso principal para dar sentido ao seu trabalho em classe e ao seu engajamento no sistema. Para os beneficiados do sistema e para a sociedade, de um modo geral, um pretexto, seja para a formulação de novas demandas, seja para a cooperação.

Resumindo: conhecer o sistema serve para qualificar e atualizar as expectativas sociais e institucionais sobre a ação de educar em espaço e tempo concretos.

Este livro, originariamente escrito para atender a segmentos docentes e discentes da educação a distância, apresenta um caráter predominantemente teórico. O caminho crítico para o estudo do sistema de ensino privilegia conceitos, definições, diretrizes normativas e o confronto de dados da realidade. Dentro dessa perspectiva, seus capítulos versam sobre aspectos que sintetizam a organização e o funcionamento da escola brasileira, a saber: marcos evolutivos de sua institucionalização, princípios e finalidades, estrutura do ensino, configuração administrativa, autonomia da escola e organização pedagógica e a profissionalização do professor. Na articulação das informações básicas incluímos, ainda, o compromisso governamental, portanto, oficial, relativo ao futuro da educação escolar em nosso país.

Assentadas as intenções e contornos do conteúdo, restou, ainda, a questão didática: como se aproximar da realidade escolar mediante um texto? como introduzir as temáticas selecionadas? como desvelar a realidade? como fomentar a reflexão que precisa se desdobrar em questionamentos?

Em resposta a tais preocupações, optamos por um tratamento especial na estruturação dos capítulos à imagem e semelhança da obra de Furter, escrita há mais de trinta anos *Os sistemas de formação em seus contextos** e, indiscutivelmente, insinuante até os dias atuais. Na introdução de cada capítulo, partimos de uma problematização ou questionamento seletivo, como quem define um campo cirúrgico. Os subtítulos que integram cada capítulo instruem um encaminhamento alternativo para o desdobramento da problemática esboçada. Ilustrações e cápsulas foram inseridas no sentido de interpor a realidade com o normativo, de modo a provocar novos questionamentos e discussões.

* Editora Fundação Getúlio Vargas, 1972, 380 p.

Finalmente, dentro destas preliminares, advertimos que, na perspectiva de nossa pretensão, a lógica adotada apenas serve de empréstimo a curto prazo. A re-leitura do leitor reforçará, com certeza, argumentos e contra-argumentos, mais do que um trato mundano do que podemos pensar e querer para o sistema de ensino brasileiro, no presente e para o futuro.

Curitiba, setembro de 2005
A Autora

Sumário

Um

Sobre sistemas de ensino e seu estudo

Palavras-chave

Sistema educacional; sistema escolar; educação; formação; educação escolar; escolaridade; educação formal; educação não-formal; educação extra-escolar; educação informal; sistema de ensino.

Problemática

Muito freqüentemente, as pessoas referem-se a termos diferentes, atribuindo-lhes o mesmo significado ou, ao contrário, reduzindo a um único sentido um termo que pode apresentar múltiplos entendimentos. A denominação "sistema de ensino" encaixa-se nesse dilema e complica-se porque o universo educacional é complexo. Daí a necessidade de uma primeira revisão conceitual que permita distinguir a polissemia que lhe é inerente.

1.1 Educação x escolaridade

A ação de educar, especialmente nos dias de hoje, acontece em lugares diferentes, atende a propósitos e clientelas diferentes, é realizada por diversos agentes, desenvolve-se com técnicas variadas, é validada pela sociedade de acordo com cada circunstância. A diversidade, a variabilidade e a extensão dessas condições nos fazem admitir que a idéia de educação não pára de mudar. Se, antes, a preocupação em educar alcançava prioritariamente crianças e jovens, agora ela é reconhecida como direito de todos em qualquer idade. Toda essa variação gerou novos tipos, novas formas de educação.

Em decorência da expansão e da massificação da educação, verificamos a emergência de muitos espaços educativos na sociedade. Alguns se apresentam mais estruturados, mais sistematizados, oficializados; outros são mais livres. Uns derivam do compromisso político do poder público; outros são resposta a demandas imediatas, são ações que a comunidade realiza para suprir necessidades e interesses não atendidos em âmbito governamental. Começam aí as diferenças entre os sistemas e a necessidade de reconhecê-las dentro de uma situação crítica.

Um primeiro critério para distinguir os espaços educacionais é separá-los conforme a sua regularidade e seu contorno. Nesse sentido cabe contrapor os termos: EDUCAÇÃO E ESCOLARIDADE.

É fácil entender que o termo educação, aqui, é muito mais amplo, permitindo-nos, mesmo, dizer que não tem limites. Podemos identificar um sem-número de lugares onde acontece a educação. Sob essa ótica, ela representa não só uma EXPANSÃO DO ESPAÇO de formação, mas, sobretudo, uma RE-CARACTERIZAÇÃO DE FIGURAS E PAPÉIS de agentes educacionais combinada com o empenho de INSTITUIÇÕES E AGÊNCIAS EDUCACIONAIS ALTERNATIVAS – família, escola, mundo do trabalho, comunidade, mídia, políticas públicas, práticas sociais diversas, culturas vividas – INSPIRADAS EM PROPÓSITOS RENOVADOS OU INÉDITOS. O sentido de novidade das formas emergentes de educação, expressa, também, o impacto de SUPORTES TECNOLÓGICOS DE VANGUARDA.

Desse modo, as mais variadas necessidades interpostas pelo desenvolvimento cultural, social e político, que não são atendidas pelas instituições escolares convencionais, ainda que multiplicadas as suas redes e estendidos os graus dessas, justificam, em grande parte, a expansão e diversificação de situações formativas.

No Brasil, pouco se tem estudado sobre o universo das "outras educações". Aliás, essa constatação apenas ratifica o atemporal desinteresse sobre o tema. Na década de 1980, Furter[1] já considerava a raridade dos estudos sobre a educação extra-escolar como uma grande fragilidade, observando que "não apenas sabemos, ou sabemos mal, como se desenvolveu esse fenômeno [da educação extra-escolar], mas subestimamos ou ignoramos o fato de que, muitas vezes, foram formas extra-escolares que precederam as formas escolares de formação". E, na continuação, exalta os papéis históricos da educação extra-escolar no mundo, especialmente no crescimento da formação nas sociedades não-industrializadas.

A despeito das lacunas dos estudos históricos, o interesse presente pelas OUTRAS EDUCAÇÕES está marcado, nos dias atuais, por uma crescente produção temática e um progressivo vínculo político das formações com o desenvolvimento social: educação para o lazer, educação de adultos, educação permanente, educação continuada, educação corporativa, animação sócio-cultural... E, nesse sentido, projetam-se, também, novos profissionais da formação.

Apesar e em razão das intencionalidades inerentes às OUTRAS EDUCAÇÕES, Trilla Bernet[2] ressalta aspectos estruturais, funcionais e teleológicos distintivos no que concerne aos sistemas escolares convencionais: autonomia relativa superior decorrente da inexistência de planos de estudo, currículos ou programas uniformes e obrigatórios; restrições legais e burocráticas reduzidas ou inexistentes; expectativas sociais e familiares menos fortes; menor inércia institucional, pois emergem de demandas reais, atuais e inovadoras; maior instabilidade e descontinuidade; diversidade de modelos de ação; variabilidade espaço-temporal; ênfase na socialização e sociabilidade; conteúdos concretos de aprendizagem; possibilidade de tratamento educativo do cotidiano, ou seja, revalorização da vida cotidiana; desenvolvimento de projetos próprios, individuais e/ou grupais; e relação imediata com o ambiente.

No outro pólo do universo educacional, em oposição às OUTRAS EDUCAÇÕES, situa-se a formação escolar e toda a parafernália de formalidade que a caracteriza.

Escolaridade, por sua vez, lembra-nos escola, idade, séries, graus, certificação, um sistema oficializado, regular. "Regular implica, pois, uma progressão contínua, com um fim previsto e eventualmente sancionado por uma prova"[3]. Mas, convém frisar, escolaridade também é educação. Com o intuito de reforçar a dimensão escolar da educação, muitos autores utilizam o termo EDUCAÇÃO ESCOLAR.

As outras educações, isto é, aquelas que não se enquadram no ritual da escola que nós conhecemos, também podem ser objeto de classificação, pois guardam profundas diferenças entre si. Elas podem ser organizadas ou não; podem usar diferentes processos de comunicação; podem ser creditadas ou não pela sociedade e por aí afora. De um modo geral, os estudiosos agrupam as outras educações em duas categorias: EDUCAÇÃO NÃO FORMAL E EDUCAÇÃO INFORMAL.

1.2 A noção de sistema

Antes de estabelecermos uma classificação, é preciso adotar algumas definições. Por exemplo, é muito importante esclarecer o sentido de "sistema". Teoricamente, damos o nome de sistema AO CONJUNTO DE ELEMENTOS INTER-RELACIONADOS CUJA DINÂMICA SUBMETE-SE A UM DETERMINADO FIM.

Quando nos referimos a SISTEMA ESCOLAR, estamos falando de um conjunto de instituições, programas e ações articuladas que se destinam à formação em caráter regular, isto é, sistemático, de segmentos jovens da sociedade. A educação proporcionada pelo sistema escolar constitui-se e estrutura-se segundo um modelo unitário, um padrão estabelecido, donde a equivalência ao termo SISTEMA DE EDUCAÇÃO FORMAL.

Quando utilizamos a expressão SISTEMA EDUCACIONAL podemos estar nos referindo ao seu sentido mais amplo, que inclui a totalidade das situações, formais ou não, onde ocorre o processo de influenciação sóciocultural. Mas, também, podemos estar fazendo sinonímia com o próprio sistema escolar. Aí, o sentido é mais restrito.

Quanto ao termo sistema de ensino, tanto ele pode ter o mesmo significado abrangente de sistema escolar, como pode representar algo menor, um aspecto do próprio sistema. Nesse caso, podemos relacionar os métodos pedagógicos empregados em escolas.

Reconhecemos o sistema de educação não formal, quando se trata de um conjunto de instituições e meios educativos intencionais, com objetivos definidos, organizados, paralelos ao sistema escolar formal. Aliás, essa condição justificou uma denominação alternativa, mais popular nas décadas de 1960 e 1970, a educação extra-escolar.

Em situação contrária, ou seja, quando os processos que geram efeitos educativos não se apresentam configurados para tal e, portanto, não obedecem a padrões fixos, temos os sistemas de educação informal. Esses compreendem, portanto, "todas as iniciativas que respondem de maneira quase espontânea, inoficial ou marginalmente - a novas demandas por formação"[4].

1.3 Universo educacional e a tipologia dos sistemas

Todos os sistemas anteriormente descritos compõem o que chamamos de universo educacional. Suas distintas características permitem que se construa uma tipologia, abrangendo definições, expressões correntes, especificidade estrutural e limitações organizacionais.

Sistema educativo formal

- Definição: conjunto de instituições e meios de formação e ensino que compõem a estrutura educacional graduada, hierarquizada, oficializada.
- Expressões: sistema escolar, sistema de ensino, sistema regular de ensino, sistema escolar convencional, sistema educacional, educação institucionalizada.

- ESTRUTURA: finalidades, objetivos, graus, níveis, modalidades, fluxo, certificados.
- LIMITES: embora possam variar no tempo e no espaço, são reconhecíveis por um padrão unitário.

Sistema educativo não formal

- DEFINIÇÃO: conjunto de instituições e meios de formação, intencionais e com objetivos definidos, que não fazem parte do sistema formal.
- EXPRESSÕES: educação extra-escolar, educação de adultos, educação popular, educação permanente, treinamentos, reciclagem, cursos de línguas, cursos de atualização e aperfeiçoamento, cursos avulsos, práticas sociais, animação cultural.
- ESTRUTURA: podem ou não apresentar formas convencionais de organização; subsistemas não interligados.
- LIMITES: não obedecem a padrões pré-estabelecidos.

Sistema educativo informal

- DEFINIÇÃO: conjunto de processos e fatores que geram efeitos educacionais, embora não estejam expressamente configurados para esse fim.
- EXPRESSÕES: práticas sociais, animação cultural, campanhas, lazer, educação cósmica.
- ESTRUTURA: processos de comunicação.
- LIMITES: sem limites.

Ainda que a tipologia apresentada nos auxilie no reconhecimento dos múltiplos espaços educativos em suas diversas formas, é importante considerar o seu sentido meramente descritivo e burocrático. Assim mesmo, é preciso enxergar mais além, de modo a sugerir e demonstrar não só as diferenças, mas alguns paradoxos entre os sistemas.

Senão, vejamos.

Sabemos o quanto os sistemas escolares se expandiram nas últimas décadas. Entretanto a expansão da escolaridade não respondeu ao que Furter conceitua como "demanda por formação". Ou seja, a sociedade e os indivíduos têm necessidades específicas que a oferta de educação escolar parece nunca ter coberto. Em face desta não correspondência, situações e mecanismos alternativos são criados pelas e nas comunidades para preencher as lacunas em cada contexto.

A melhor interpretação desse argumento impõe definições suplementares para os termos "formação", "educação", "ensino", "periscolar", "extra-escolar", "educação de adultos" e outros, tais como (alguns introduzidos por Furter)[5]:

- FORMAÇÃO: toda intervenção que visa a mudanças nos comportamentos: informações; conhecimentos; compreensões; atitudes e que não podem ser adscritas ao crescimento ou ao desenvolvimento dos instintos.
- EDUCAÇÃO: toda comunicação organizada para provocar formação que implica ao menos duas pessoas (ou mais) e um processo de transferência de uma pessoa a outra.
- ENSINO: a forma escolar da educação que procede segundo uma progressão "regular" e destina-se principalmente às crianças e aos jovens, em geral entre os seis anos e a maioridade.
- PERIESCOLAR: o ensino considerado em seus aspectos menos estruturados que englobam atividades extracurriculares (*hors programme*) de caráter optativo.
- EXTRA-ESCOLAR: a intervenção formativa organizada fora

do tempo e do espaço escolares, voltada para clientelas mais amplas que a dos jovens e em função de interesses diferentes do ensino.

- Educação dos adultos: a educação extra-escolar para benefício exclusivo das pessoas com mais de 15 anos e que não estejam abrangidas pelo ensino.
- Atividades de juventude: a educação extra-escolar destinada a jovens que não estão inseridos no ensino.

A formação, diz Furter[6], "é, essencialmente, uma resposta a estímulos externos (a auto-educação ou autodidaxia designa a formação nos casos em que um agente externo consciente já não está implicado). Distingue-se, portanto, da aprendizagem (*learning*)."

Um exemplo de resposta à demanda por formação, conhecido de todos nós, é a alfabetização de adultos. Basta que reflitamos sobre a origem de tal demanda: de onde vêm os analfabetos? Da não oferta escolar, da não freqüência escolar, da evasão, da reprovação ou, resumindo, de um conjunto de fatores, em sua maior parte de responsabilidade do próprio sistema, que faz a exclusão de crianças e de jovens. Faz-se, assim, a lacuna no atendimento escolar, produzindo-se segmentos de desatendidos, que, anos mais tarde, na condição de adultos interessados em aprender a ler, a escrever e a auto determinar-se culturalmente para a sua sobrevivência social, vão ser socorridos por "movimentos" alfabetizadores sob iniciativa da sociedade ou por "campanhas" mobilizadas pelo próprio poder público.

Nesse caso, a despeito das críticas que cabem, visualizamos uma intercomplementariedade entre a oferta convencional de ensino e as ações de educação não formal. Ou seja, o que a escola não oferece, alguém o faz fora da escola. Isso pode vir a ser positivo, quando a escola aceita e dá valor às vivências formativas fora do sistema.

Não obstante, a resposta da sociedade já se contrapôs à ideologia da escola. Estamos nos referindo à educação popular enquanto expressão dos interesses e reivindicações da classe operária, "para a qual o problema do conhecimento e da capacitação intelectual não é uma categoria abstrata, estando, ao contrário, estreitamente vinculado à experiência cotidiana de sua condição de trabalhadores"[7].

A educação popular relaciona-se com a valorização social, com a participação social e com a humanização, mediante o acesso ao capital cultural e científico criado coletivamente e extensivo a todos os grupos sociais. O seu caráter massivo e reivindicatório surge da mobilização de forças populares[8] para aquela conquista.

Sob esse pano de fundo de luta social, a educação popular, em nosso país, evoluiu significativamente em seu conteúdo. Emergiu, em seu início, como um processo rudimentar de introdução à cultura escrita; isso desde os tempos coloniais, se assim quisermos entender o trabalho dos jesuítas com o gentio, com os negros e com as classes de alfabetização para adultos no Império e na República. Fomentada pela efervescência ideológica das décadas de 1920, 1930 e seguintes, a educação popular, no século XX, incorporou o sentido de conscientização social, progredindo, mais tarde, para outros propósitos adstritos aos planos da organização social e da produção. Na atualidade, a educação popular se apresenta com uma programática bastante diversificada, que não exclui, contudo, as motivações anteriores.

Pela sua originalidade, as práticas da educação popular, no Brasil, alcançaram ressonância mundial e, com freqüência, têm sido objeto de empréstimo. É interessante lembrar que a educação popular, especialmente nos países desenvolvidos, está voltada para a massa de imigrantes como parte de políticas de integração cultural e econômica.

Outro paradoxo transparece na competitividade que existe entre os sistemas. Os programas televisivos, as películas cinematográficas, a internet e outras práticas sociais, como o esporte, a religião etc., freqüentemente se opõem à escola, inclusive medindo forças com ela.

Ainda segundo Furter[9], "os paradoxos da noção de sistema educacional revelam a complexidade das ofertas de educação e a importância de seus aspectos informais."

Estudar os sistemas educacionais em seu sentido mais amplo, analisando as suas interações e os seus paradoxos, por isso mesmo, é uma tarefa necessária.

No presente trabalho, o objeto de estudo restringe-se ao sistema educativo formal, cujas condições e características de funcionamento são normatizados, isto é, obedecem a uma legislação específica. Todavia em nenhum momento estamos abdicando da consideração da complexidade da educação em sua amplitude.

1.4 O conceito de educação na legislação

A Lei 9394, de 20 de dezembro de 1996, que estabeleceu as diretrizes e bases da educação nacional, conceitua a educação, em seu Artigo 1º, explicitando o seu sentido pleno e indicando os "lugares" onde ela pode acontecer. Assim, a lei reconhece que *a educação abrange os processos formativos que se desenvolvem na vida familiar, na convivência humana, no trabalho, nas instituições de ensino e pesquisa, nos movimentos sociais e organizações da sociedade civil e nas manifestações culturais.*

Como se vê, o texto legal concede ao termo educação sua máxima extensão, incluindo todos os processos formativos. Da mesma forma, relaciona todos os lugares onde se processa algum tipo de formação: a vida familiar, a vida social, a vida institucional e a vida cultural.

Ao delimitar o âmbito dos seus dispositivos, a lei define a educação escolar como aquela que *se desenvolve, predominantemente, por meio do ensino, em instituições próprias (§ 1º)*, observando que é esse o espaço ao qual ela se aplica.

Finalmente, pela primeira vez, a legislação faz menção ao contexto da escola e à obrigação desta de vincular-se ao mundo do trabalho e à prática social. Esse dispositivo dá margem a pensarmos tanto na contextualização necessária do trabalho da escola quanto no argumento da intercomplementariedade. A escola deve reconhecer e integrar a formação realizada fora de seus muros, necessariamente.

Poderia, essa orientação, minimizar os paradoxos e a competitividade entre os sistemas? Em que sentido, em que grau? E isso seria desejável? Há muitos mais questionamentos a fazer, mas tais discussões inexistem no ambiente escolar.

1.5 As fontes para o estudo dos sistemas de ensino

O estudo dos sistemas de ensino supõe, obrigatoriamente, o acesso a informações específicas a partir de fontes primárias, secundárias e de outros materiais auxiliares.

As FONTES PRIMÁRIAS incluem documentos originais, isto é, que não tenham sofrido análise ou manipulação. Esses documentos dispõem de informações em "estado bruto", e, por tal, sobressaem-se pela fidedignidade. A legislação, os debates legislativos, os relatórios oficiais, os projetos de lei, os regimentos, os projetos pedagógicos, as estatísticas e outras informações diretas – coletadas "*in loco*" – constituem fontes primárias de extrema relevância.

Quando os documentos apresentam interpretações, "leituras" da realidade, opiniões sobre o conteúdo de fontes primárias, informações reelaboradas e apresentam-se com menos garantia de fidedignidade em razão de idiossincrasias, temos as FONTES SECUNDÁRIAS. Integram, essa categoria, livros especializados, compêndios, artigos, teses, pesquisas e outros estudos diretamente relacionados à educação.

Além das fontes primária e secundária, o estudo dos sistemas de ensino requer informações correlatas para suprir interpretações e contextualizações da realidade escolar. Estamos nos referindo, aqui, aos MATERIAIS AUXILIARES OU FONTES TERCIÁRIAS, entre os quais contamos com livros; artigos; publicações diversas, inclusive revistas e jornais; pesquisas sociológicas, econômicas, demográficas, políticas, históricas, culturais, antropológicas, psicológicas, artísticas, entre outras.

Um Sistema Rompido

Pièrre Furter

A multiplicidade das ofertas de educação remete ao problema da existência de diversos agentes distintos que concorrem para as tarefas educativas (família, igrejas etc.). Entre estes (sic), destaca-se o conjunto das instituições especializadas de educação que comumente se denomina o sistema de ensino (Hilker, 1965).

Antes de mais nada, convém verificar se o que se entende por sistema educacional é realmente um sistema. Nessa perspectiva crítica, aparece claramente que este pretenso sistema nada mais faz que traduzir - e freqüentemente de maneira muito aproximativa - o organograma dos ministérios da educação. "O sistema" educacional de um país não é outra coisa senão a classificação burocrática do conjunto das instituições de ensino reconhecidas pelos aparelhos de Estado (Crozier, 1963: 303-14). Geralmente estão excluídas dele: todas as instituições de educação extra-escolar... por definição; o setor privado, seja o setor privado lucrativo - os tubarões dos cursos comercializados de formação profissional, os trustes e as multinacionais dos cursos por correspondência etc. - mas também o setor privado não-lucrativo, isto é, voluntário; todas as formas de aprendizagem feitas no trabalho, não formalizadas nem institucionalizadas, onde se aprende à base de experiências vividas. Pudemos constatar como, em situações tão diversas como as de Ruanda (Hanf, 1974), do Senegal (Furter, 1972a), do Brasil (Furter, 1972b) ou do Irã (Furter, 1972c), a exclusão administrativa e/ou política dessas formas de formação reduzia de maneira significativa a importância das ofertas e das práticas realmente existentes. No atual estado das estatísticas e dos recenseamentos, a educação extra-escolar não existe, ou é sistematicamente desvalorizada. As cifras que possuímos e que utilizamos são em geral estimativas incontroláveis.

Fonte: FURTER, Pièrre. **Os sistemas de formação em seus contextos.** Rio de Janeiro. FGV, 1982, p. 124.

Dois

Marcos evolutivos da institucionalização da educação escolar brasileira

Palavras-chave

Institucionalização escolar; marcos históricos; reformas escolares.

Problemática

A partir de sua raiz européia, a escola, invenção ocidental, expandiu-se e evoluiu em contextos diferentes. Sua forma organizada tornou-se peculiar em cada realidade e progrediu de acordo com a mentalidade política de cada nação. A escola estabilizou-se como mecanismo social, adquirindo um formato de organização sujeita a mudanças resultantes do jogo de forças sociais que emergiram em cada momento histórico. Ao estudarmos um sistema de ensino, podemos fortalecer a interpretação e o julgamento do presente educacional buscando as pistas de sua evolução. *Progredimos? Retrocedemos? Que lições aprendemos de nosso passado? Que vícios mantemos? Que frustrações ainda alimentamos? Que rupturas nos restam fazer? Que futuro escolar estamos construindo?*

2.1 Educação como herança social, sujeita a revalorização, mediação política e reorganização

De onde vêm as escolas? Como se justifica o imperativo de aprender? E quando não havia escolas? Qual o sentido da educação escolar na sociedade? Essas e outras muitas indagações têm sido respondidas pelos historiadores, pelos antropólogos, por educadores, por sociólogos e outros pensadores. Entre todos, em princípio, prevalece o argumento de que

> *o caráter mais geral e fundamental de uma* CULTURA *é que deve ser* APRENDIDA, *ou seja, transmitida em alguma forma. A cultura é fator de sobrevivência dos grupos sociais. Desse modo, é interesse de cada grupo que a cultura não se disperse, não seja esquecida. E, para que tal não aconteça, os grupos sociais desenvolvem mecanismos de transmissão cultural das gerações adultas para as mais jovens, para que estas se habilitem no manejo dos instrumentos culturais*[1].

Esse processo, todavia, não se resume à mera conservação, mas abre espaço para a inovação. Assim, os mecanismos de conservação e inovação cultural integram, obrigatoriamente, a ação de educar.

Construídas em diferentes espaços e tempos, as culturas tornaram-se distintas entre si, assim como as formas educacionais. Além disso, o desenvolvimento dos grupos sociais e a interação entre as culturas induziram a EVOLUÇÃO dos processos de transmissão ou processos educacionais. Sempre que tais mecanismos se estabilizam no tempo, eles se institucionalizam, ratificando a sua evolução.

Ainda assim, em essência, a EDUCAÇÃO COMO PROCESSO tem um sentido comum nas diferentes realidades sociais. "A educação é tão importante para a vida e a sobrevivência dos grupos sociais como o é para a formação e o desenvolvimento da pessoa humana individualmente considerada"[2].

A história do conhecimento e da transmissão de saberes foi marcada por duas inovações maiores: a invenção da escrita e a generalização da forma escolar de tipo europeu, nascida nos séculos XVI e XVII. Hoje, essa forma escolar se instalou no conjunto do mundo (todos os países têm seus sistemas escolares) e condiciona muito fortemente as formas sociais e culturais contemporâneas[3]. Não é demais lembrar as raízes do movimento escolar em sua versão doutrinária. O sistema institucional existente no quadro da Igreja na Idade Média viu-se transformado pelo progresso intelectual do século XII. Da metade do século XIV até o fim do século XVI, foram construídos os fundamentos de uma cultural secular ou cristã renovada, e, daí prá frente, o homem e a natureza ganharam maior importância. A Reforma protestante, o movimento humanista e a inovação científica, assim como a Contra-Reforma católica provocaram a mutação de todas as representações sociais e dos saberes. A Reforma protestante se funda sobre a leitura individual da bíblia. E, para ler, é necessário, efetivamente, saber ler, assim cada comunidade criará uma escola. Essa exigência ocasionou um movimento determinante de escolarização[4].

Por outro lado, a Contra-Reforma católica iria servir-se, também, da alfabetização como instrumento de evangelização para combater os protestantes sobre o seu próprio terreno[5].

Inscrita nesse movimento de luta religiosa e de emergência de um pensamento secular, uma invenção maior aumentaria, de modo muito especial, a eficácia da escola. Tratou-se da combinação entre uma forma de reagrupamento escolar (a classe e o estabelecimento) e verdadeiros métodos pedagógicos[6].

Portanto, e antes de tudo, a educação escolar ou institucionalizada é uma herança social, REVALORIZADA em cada momento histórico. Essa revalorização, MEDIADA PELA POLÍTICA, instrui a reorganização do sistema, seja para reproduzir a dominância nas relações sociais (algo precisa mudar para as coisas continuarem como estão), seja para adaptar ou transformar a sociedade. Mas é importante considerar que a influenciação entre sociedade e sistema de ensino é mútua. O confronto entre a organização escolar, que pode desfrutar de uma autonomia relativa (ainda que nem todos acreditem nessa possibilidade) e a sociedade, que determina o papel da escola, revela uma dialética que não se esgota.

Nessa dinâmica, todas as vezes em que ocorreu uma mudança simples ou uma ruptura, manifestou-se a AFIRMAÇÃO INSTITUCIONAL DA EDUCAÇÃO ESCOLAR. Vale lembrar que essa afirmação institucional reiterada nem de longe se deixou afetar pelo movimento de desescolarização da sociedade*, que emergiu nos anos correspondentes às décadas de 1960 e 1970. Nesse mesmo período, instalaram-se duas reformas que enfatizaram não só a obrigatoriedade escolar como a sua extensão.

* Seus representantes mais convincentes foram Ivan Illich e Everett Reimer, os quais entenderam que a escola perdeu sua legitimidade política, econômica e pedagógica porque não se conectava com a realidade. Em face disso, estavam convencidos de que ela estava fadada ao fracasso.

2.2 Reformas educacionais: marcos históricos da institucionalização escolar brasileira

Podemos reconstituir a evolução da afirmação institucional do sistema de ensino no Brasil pela identificação de marcos históricos ou evolutivos.

Evolução Institucional = Marcos Históricos

Não se trata, aqui, de prescrever ciclos ou de periodizar a história da educação brasileira. Antes de responder à preocupação com a designação de períodos, acreditamos na utilidade de destacar fatos educacionais contundentes, isto é, que proporcionaram redirecionamentos políticos do sistema de ensino. Com certeza, tais fatos, em sua contundência, qualificam-se como marcos evolutivos e possuem implicações estreitas com o movimento histórico da sociedade brasileira. Servem, sobretudo, como referencial para a formulação de uma periodização, embora esse não seja o objetivo específico deste trabalho.

Esses marcos, insistimos, correspondem àqueles momentos de revalorização da educação que orientam a reorganização escolar.

Marcos Históricos = Momentos de Revalorização Educacional = Reorganização Escolar

Essa reorganização escolar, por sua vez, constitui objeto das reformas educacionais, que são mediadas, por seu turno, pelas políticas educacionais.

Reorganização Educacional = Mediação Política = Reformas Escolares

Ao analisarmos a evolução da educação escolar brasileira, é possível agrupar as reformas escolares, mediante, pelo menos, cinco cenários organizacionais: A AÇÃO DE EDUCAR JESUÍTA NO PERÍODO COLONIAL, A RUPTURA E SECULARIZAÇÃO DA AÇÃO DE EDUCAR, A REARTICULAÇÃO DA AÇÃO DE EDUCAR NO PERÍODO IMPERIAL, A ARTICULAÇÃO NACIONAL NA CONSOLIDAÇÃO DA REPÚBLICA E, A PARTIR DA SEGUNDA METADE DO SÉCULO PASSADO, A EXPANSÃO E ATUALIZAÇÃO DO SISTEMA DE ENSINO.

Esses cinco macro cenários que alojaram o nosso passado educacional cobrem, pois, um curto espaço de tempo. Afinal, somos uma nação de apenas 500 anos. Muito jovem, se nos confrontarmos com as demais civilizações que integraram a humanidade. No entanto, podemos reconhecer destacadas iniciativas de reorganização ou, utilizando termos contemporâneos, de reconfiguração do sistema escolar que prevaleceram no decorrer de nossa história.

Retomemos, pois, aquelas conjunturas.

Quadro 1– Evolução das Configurações Escolares no Brasil

MOTIVAÇÃO	*PRINCIPAIS INSTRUMENTOS INSTITUCIONAIS*
Catequética e colonial	Sistema jesuítico (1549-1759)
Secularização	Ruptura pombalina, Aulas Régias (1759)
Rearticulação escolar imperial	Reforma Leôncio de Carvalho (1879) Pareceres de Rui Barbosa (1882-3)

(continua)

(conclusão)

Articulação nacional republicana	Reforma Benjamin Constant (1890)
	Reforma Epitácio Pessoa (1901)
	Reforma Rivadávia Correa (1911)
	Reforma Carlos Maximiliano (1915)
	Reforma Rocha Vaz (João Luiz Alves) (1925)
	Reforma Francisco Campos (1932)
	Reforma Gustavo Capanema (1942)
Expansão e atualização	LDB 4024/61
	Reforma Passarinho (Leis 5540/68 e 5692/71)
	Reforma Darcy Ribeiro (Lei 9394/96)

2.2.1 A educação dos jesuítas no Brasil Colônia

A mais remota e importante referência educacional, no Brasil, relaciona-se com a ação jesuítica. Durante pouco mais de dois séculos, de 1549 a 1759, essa ordem religiosa desenvolveu um sistema de ensino "abrindo uma escola onde quer que erigisse uma igreja"[7]. Foram, esses religiosos católicos, os principais* agentes de uma catequese colonial e instrução do gentio, útil ao domínio português. Os registros dão conta de que criaram escolas de primeiras letras e instalaram colégios que tanto serviam à formação sacerdotal, para a missão na Colônia, como preparavam para o estudo universitário na Europa.

A atuação dos jesuítas é vista como uma epopéia que combinou missão cristã com a política dos colonizadores. Nesse sentido, Teixeira[8] realçou, criticamente, o papel dos jesuítas,

* Outras ordens católicas atuaram na educação colonial, entre elas, Beneditinos.

atribuindo, à sua educação, o objetivo de "formar um pequeno grupo de instruídos para o serviço de direção, por eles orientada, da sociedade. Esses instruídos seriam os sacerdotes e alguns leigos, a serviço dos senhores ou da Igreja".

Quando o modelo educacional dos jesuítas mostrou-se descompassado com o ambiente da época frente a novos imperativos decorrentes da ascensão das ciências e de novas ideologias, constituindo-se em fator de reforço do retrocesso do reino português, aconteceu a ruptura entre os atores. Expulsos de todos os domínios portugueses, os jesuítas tiveram que entregar o seu patrimônio.

Patrimônio, insistimos, que resultou da articulação entre o modelo de urbanização da época e o projeto religioso-educacional dos jesuítas. De acordo com Serafin Leite, citado por Azevedo, "Enquanto se fundava a cidade de Salvador, quinze dias depois de chegarem os jesuítas, já funcionava uma escola de ler e escrever"[9] E não foi outro o berço de São Paulo, senão, o antigo Pátio do Colégio ou o de Santos, senão, a antiga Matriz e o Colégio São Miguel. E de tantas outras cidades históricas coloniais, como de Paranaguá foi o Colégio Nossa Senhora do Terço.

No momento da sua expulsão, os jesuítas possuíam, só no Reino, 24 colégios, além de 17 casas de residência, e na Colônia, 25 residências, 36 missões e 17 colégios e seminários, além dos seminários menores e das escolas de ler e escrever, situadas em quase todas as aldeias e povoações onde a Companhia se instalou. Só não pertenciam ao domínio espiritual dos jesuítas a escola de arte e edificações militares, criada na Bahia em 1699; uma aula de artilharia, criada no Rio de Janeiro em 1738; os seminários de São José e de São

Pedro, estabelecidos em 1739, na mesma cidade; e o seminário episcopal do Pará. "A não serem, portanto, os estudos elementares de arte militar, dois ou três seminários, algumas aulas de clérigos seculares e outras, de filosofia, instaladas em conventos carmelitas e franciscanos", todo o ensino no Brasil se encontrava em mãos dos jesuítas.[10]

Foi sob a liderança de Sebastião de Carvalho e Mello, o Marquês de Pombal, Ministro de Dom José I, que grande parte das construções jesuíticas foi destruída para impedir que se convertessem em redutos de oposição. Detidos e martirizados muitos daqueles clericais, restou uma paisagem caótica em relação ao ensino que frisamos: poucos centros de instrução, distribuídos pelos seminários seculares, franciscanos, carmelitas e capuchinhos, além de escolas militares na Bahia e no Rio de Janeiro[11].

2.2.2 O primeiro ensaio de secularização

No período posterior à expulsão dos jesuítas, vigorou uma fase de descontinuados "Alvarás", os quais trataram da instalação de cursos isolados ou, como se denominavam, "Aulas Régias". O poder estatal assumiu a responsabilidade pelo problema educacional financiando-o em sua grande parte. Faz-se, então, a transição de uma estrutura de monopólio clerical a uma pretensa estrutura mista, estatal e particular[12]. Escolas independentes e professores particulares preenchem parte do vazio educacional que se instalou.

O processo de secularização, no entanto, precisa ser analisado com cautela. Não devemos esquecer que "as escolas, a princípio mantidas pela Igreja, fazem-se depois, independentes e particulares, sob o patrocínio discreto e acidental do

Estado".[13] Mesmo assim, muitos autores consideram o Marquês de Pombal o "precursor da escola pública" no Brasil.

As primeiras idéias de educação popular e de educação secular só se materializaram a partir da transmigração da família real para o Brasil (1808), especialmente depois da proclamação da independência, nas primeiras décadas do século XIX.

2.2.3 A rearticulação escolar no Império

O fato do ensaio de secularização de Pombal haver redundado na recessão do sistema de ensino até então existente, fez, da educação, um grande desafio para o período imperial. Naquele período, "inicialmente compreensivo em relação à educação escolar, entretanto a educação sofreria reformas sob o influxo de idéias liberais sem realizar a mudança pretendida"[14].

Tem-se notícia de um importante número de projetos educacionais apresentados na Assembléia Constituinte de 1923. Mesmo assim, a matéria constitucional não ultrapassou o conteúdo de um único artigo, 179, XXXII, segundo o qual, dispôs-se a gratuidade e obrigatoriedade da instrução primária.

Azevedo[15] descreve e interpreta as tentativas da política educacional imperial como reflexo da vitória dos liberais, arautos de uma nova orientação sob o impulso dos ideais da Revolução Francesa e do desenvolvimento do espírito nacional. Pela primeira vez, a elite culta (formada por bacharéis, sacerdotes e letrados) preocupa-se com a educação popular, uma das bases de sustentação do sistema de sufrágio universal. O autor denuncia o fracasso das intervenções no campo da educação naquela época, destacando, como único efeito das transformações políticas, a Lei de 15 de outubro de 1827, "a única que, em mais de um século, se promulgou sobre o assunto para todo o país e que determinou a criação de escolas de primeiras letras em todas as cidades, vilas e lugarejos (...), escolas de meninas nas cidades e vilas mais populosas". Em 1837, as escolas não passavam de uma vintena em todo o território brasileiro.

A escassez de instituições escolares frente à expectativa da educação popular justificou a adoção do MÉTODO LANCASTERIANO ou do ENSINO MÚTUO, de 1823 a 1838, segundo o qual, alunos com melhor e mais avançado rendimento ensinavam aos demais, suprindo as necessidades docentes.

O grande paradoxo da educação escolar no Império acentuou-se por aí: a mudança do estado político, de colônia para nação, não teve o eco social desejado. A estrutura da sociedade manteve suas bases na economia agrícola, na sociedade patriarcal, na sociedade de base escravocrata e o ensino firmou seu caráter aristocrático. Quando o governo imperial patrocinou a descentralização dos sistemas de ensino foi mais para poupar-se de dificuldades administrativas do que para promover a expansão e o desenvolvimento das escolas. Afinal, a paisagem da sociedade de então integrava "um agregado de sociedades múltiplas, umas, do litoral e do planalto, sob as influências mais diretas da civilização ocidental, e outras, vivendo quase três séculos, por assim dizer, de sua própria substância, perdidas nos sertões e amuradas num isolamento quase completo"[16].

A descentralização fragmentou o sistema de ensino e permitiu a sua própria desorganização e regressão, na maioria das províncias. Fez-se um estado de anomalia e desordem, regido pelo princípio de autonomia das províncias instituído pelo Ato Adicional de 1834, "pelo respeito quase supersticioso às fórmulas jurídicas e os escrúpulos constitucionais, desmerecendo a própria consciência do interesse nacional"[17].

No entanto, a preocupação com a rearticulação escolar e a consolidação do sistema de ensino (nas décadas de 30 e 40, daquele século, estabeleceram-se as escolas normais) iria se refletir na seqüência das reformas educacionais em face do que não se pode ignorar os avanços realizados.

Em 1870, em Relatório[18] apresentado às Câmaras pelo então ministro do Império, conselheiro Paulino de Sousa, refletia-se o grau de insatisfação e de desigualdade regional do quadro educacional:

> *É com verdadeira mágoa que me vejo obrigado a confessar que em poucos países a instrução pública se achará em circunstâncias tão pouco lisongeiras como no Brasil. Não dissimulo a verdade, porque devo manifestar-vo-la inteira e de seu conhecimento há de provir, espero com inabalável confiança, o remédio a tamanho mal. A instrução primária foi garantida pela Constituição a todos os Brasileiros (sic). É tempo de desempenharmos a palavra do legislador constitucional, que confiou das gerações que se sucedessem a realização de suas promessas.*
>
> *(...)*
>
> *Em algumas províncias a instrução pública mostra-se em grande atraso; em outras, em vez de progredir tem retrogradado, conservando-se aqui estacionária, ali andando com a maior lentidão. Em poucas é sensível o progresso; em nenhuma satisfaz o seu estado pelo número e excelência dos estabelecimentos de ensino, pela freqüência e aproveitamento dos alunos, pela vocação para o magistério, pelo zêlo e dedicação dos professores, pelo fervor dos pais em dar aos filhos a precisa educação intelectual, em geral pelos resultados que poderiam produzir todos êsses meios combinados. Em muitas províncias tem-se reformado, reforma-se e trata-se de reformar a organização do ensino, mas não se tem cuidado quanto conviria no principal, que é espalhá-lo, fiscalizar os que dêle são incumbidos, para que efectivamente se distribua, haja ardor em promovê-lo e desvêlo em atrair alunos às escolas, ensinando-se o mais possível e ao maior número possível.*

A Reforma Leôncio de Carvalho, introduzida pelo Decreto 7.247, de 19 de abril de 1879, constituiu-se em

> *um brinde à liberdade de ensino e incentivo à universalização da escola: o ensino era inteiramente livre; a inspeção privilegiava a moralidade e a higiene das instituições escolares; abaixo de 14 anos, a educação mista era obrigatória; previa-se multa aos pais que não enviavam seus filhos à escola; o ensino religioso não era obrigatório e, se proporcionado, deveria ser ofertado fora do horário letivo; foram instituídos os jardins de infância, a caixa escolar, pequenas bibliotecas e museu escolar em cada distrito do Município Neutro; a interiorização do serviço escolar podia experimentar o ensino ambulante; as escolas particulares que ministravam ensino a crianças pobres eram subvencionadas; previu-se o enriquecimento dos conteúdos escolares e a formação da cidadania; foi abolida a freqüência obrigatória; as escolas normais e os cursos primários destinados a adultos analfabetos eram alvo de favorecimento.*[19]

No âmbito do ensino médio, a Reforma Leôncio de Carvalho também promoveu inovações de relevo.

Ainda no contexto imperial, a revalorização da educação vestiu-se de erudição pedagógica e de ideais transplantados. Durante os anos 1882-1883, Rui Barbosa, na condição de integrante da Comissão da Câmara dos Deputados, apresenta caprichosos pareceres ao Ante-Projeto do Ministro do Império, o Conselheiro Rodolfo Dantas. Alvo de elogios pela beleza literária dos seus textos, Rui Barbosa foi, no entanto, severamente criticado pelo irrealismo filosófico e social de sua argumentação.

> *O apelo à realidade educacional das outras nações, em detalhes e com rigorosa atualidade, apesar de tudo, foram, de certa forma, frutíferos (...) A história mais completa e otimista da instrução pública no Brasil foi escrita por JOSÉ RICARDO PIRES DE ALMEIDA, quem divulgou os avanços da instrução no Império do Brasil, destacando-a no contexto internacional*[20].

2.2.4 A articulação nacional na República.

Com a Proclamação da República, a sociedade brasileira submeteu-se a um processo legislativo e regulamentador para adaptação institucional ao regime federativo e ajuste à opinião pública. Nesse mesmo sentido, propôs-se a reorganização da educação sob uma inspiração positivista e a liderança de Benjamin Constant, primeiro-ministro da Instrução Pública[21].

Assim, mediante um situação de consenso momentâneo de segmentos sociais e facções políticas diversas, um forte sentimento nacionalista vai impregnar a literatura e a política no campo da educação. Não obstante, a República, na sua implementação, abrigaria um vai-e-vém de propostas, em sua maior parte inspiradas em realidade estrangeira. Estavam seladas as contradições!

A Reforma Benjamin Constant, formalizada pelos Decretos ns. 407, 667 e 981 de 1890, alcançou toda a instrução pública, primária e secundária, no Distrito Federal e ensino superior, artístico e técnico em todo o país, concretizando uma importante ruptura com a antiga tradição do ensino humanista. Indicou-se a substituição do currículo acadêmico por disciplinas científicas. Criou-se, ainda, o PEDAGOGIUM, "destinado a servir de centro propulsor das reformas e melhoramentos que carecia a instrução nacional, e de centralizador de quanto pelo Brasil se fizesse em matéria de ensino público"[22].

Mas o entusiasmo pela educação nos primórdios da República teve pouco fôlego. O Ministério da Instrução Pública, Correios e Telégrafos durou três anos. À Reforma Benjamin Constant, que não vingou, seguiram-se outras.

Entre as reformas educacionais de aspecto mais relevante em que se refletiu o movimento de articulação nacional, merecem destaque: a Reforma Epitácio Pessoa em 1901 (oficialização do ensino, normas de equiparação); a Reforma Rivadávia Corrêa em 1911 (liberdade total dos estabelecimentos escolares); a Reforma Carlos Maximiliano em 1915 (reoficialização do ensino); e a Reforma Rocha Vaz em 1925 (articulação das esferas para expandir o ensino primário). Esse conjunto de reformas também recebeu o beneplácito interpretativo de Veríssimo[23]:

> *Muito embora não possamos afirmar que a República, em seus primórdios, tenha concretizado uma política nacional de educação, podemos identificar várias tentativas, sob inspiração muitas vezes opostas, que vão da secularização à nacionalização, da oficialização à desoficialização, da difusão até uma preocupação com a qualidade escolar.*

É sem dúvida interessante distinguir, contudo, a persistência das nuanças e do caráter das subpautas da política de articulação nacional republicana, desde os seus primórdios: a dimensão autóctone da motivação educacional; a descentralização da ação educacional; a dualidade das trajetórias da formação; o descaso e a disputa no ensino superior.

Foi no período pós Primeira Grande Guerra Mundial que

> *nasceu a primeira idéia brasileira autóctone no campo da educação. A idéia de que não podíamos ter escolas como as estrangeiras, mas tentar a simples alfabetização do povo brasileiro (...) teve uma grande carreira. (...) O importante era saber ler. O mais, viria por si (...) [Essa idéia estava em feliz adequação com os recursos disponíveis e] tinha uma flagrante aparência democrática.*[24]

Assim, em razão da descentralização do sistema de ensino, à época, a educação brasileira evoluiu diferentemente em cada unidade federativa. No Estado de São Paulo, por exemplo, fez-se uma reforma "reduzindo o período do ensino primário de cinco para três anos. Depois da já tão drástica redução no período escolar, vieram os turnos"[25].

Em mapa apresentado por Afrânio Peixoto[26], referente à dimensão das redes escolares no começo do século XX, os números põem em relevo a assimetria histórica dos sistemas escolares. Para cada mil habitantes, numa população total de 21.711.287, o Brasil tinha uma média de seis escolas, sete professores e vinte e nove alunos. Destacavam-se, em número de alunos, por sua posição acima da média nacional, o então Distrito Federal (70) como o centro mais escolarizado, seguido pelo Rio Grande do Sul (55), Pará (34), Mato Grosso, Santa Catarina e São Paulo (32) e Paraná (31).

Figura 1 - Dimensão das redes escolares no início do século XX.

COEFICIENTES DE POPULAÇÃO DO BRASIL EM 1907 (PUBLICADOS EM 1916) RELATIVOS À INSTRUÇÃO POPULAR

Estados e distrito federal	População	Escolas		Professores		Alunos	
		Total	Por 1.000 h.	Total	Por 1.000 h.	Total	Por 1.000 h.
Alagôas	765.862	290	4	305	4	13.920	18
Amazonas	331.591	263	8	293	9	5.902	18
Bahia	2 455.913	1.060	4	1.220	5	49.417	20
Ceará	1.039.627	466	4	509	5	20.433	20
Distrito Federal	824.040	438	5	1.373	17	57 523	70
Espírito Santo	311.237	215	7	224	7	7.611	24
Goiaz	378.456	167	4	180	5	6.454	17
Maranhão	619.758	245	4	277	4	13.162	21
Mato Grosso	178.519	119	7	161	9	5.631	32
Minas Gerais	4.239 892	2.247	5	2.551	6	124.634	29
Pará	742.387	419	6	682	9	25.404	34
Paraíba	569.955	226	4	244	4	10.528	18
Paraná	475.220	332	7	349	7	14.831	31
Pernambuco	1.462.203	636	4	671	5	29.922	20
Piauí	409.376	193	5	198	5	8.176	20
Rio de Janeiro	1.184.501	540	5	633	5	26.478	22
Rio Grande do Norte	361.346	174	5	182	5	8.536	24
Rio Grande do Sul	1.457.678	1.631	11	1.735	12	79 833	55
Santa Catarina	409.993	534	13	579	14	21.449	32
São Paulo	3.106.785	1.940	6	2 899	9	98.710	32
Sergipe	385.948	313	8	321	8	9.824	25
Total	21.711.287	12.448	6	15.586	7	638.378	29

Fonte: PEIXOTO, Afrânio. **Marta e Maria**: Documentos de ação pública. Lisboa: Sociedade Gráfica Editorial, 1930, p. 60-61.

A separação da Igreja do Estado, a liberdade de crenças e de ensino, a criação de escolas protestantes, a ascendência das idéias federalistas e a descentralização consagrada no discurso e mal resolvida na prática, além da influência estrangeira, deram à paisagem escolar brasileira que se formava, uma diferenciação progressiva e a dualidade ao sistema.[27]

O crescimento da formação profissional fora do sistema escolar convencional é um dos reflexos daquela dualidade e resposta à pressão das aceleradas transformações produzidas pelo desenvolvimento urbano, pela ascensão do trabalho assalariado, pelo desenvolvimento e pela crise da atividade econômica primária, pela estratificação social e pela gestão do modo de produção capitalista.[28]

É em decorrência de tal dinâmica aquele ensino das artes e ofícios, cujas raízes são encontradas na metade do século XIX como resultado da iniciativa governamental e da sociedade civil, passou por uma reorganização nacional. Em 1909, pelo Decreto 7.566, de 23 de dezembro, foram criadas 19 Escolas de Aprendizes e Artífices, as quais funcionaram, a princípio, como unidades produtivas: a renda gerada pela comercialização dos seus produtos e artefatos seria repartida, proporcionalmente, entre alunos, corpo docente e a direção. Em 1918, extingue-se a remuneração dos alunos. Em 1920, o ensino profissional é novamente revisto e sofre uma remodelação: são feitas melhorias nos prédios e instalações; elaborados manuais técnicos em língua portuguesa; instaladas novas escolas. A filosofia das escolas profissionais incorpora a tese da industrialização e tenta superar o conceito de "clientela pobre".

Com relação ao ensino universitário brasileiro, o que se precisa dizer é que ele foi vitimado pelas disputas e veleidades políticas. Sonhado desde os tempos da Inconfidência Mineira, fez-se realidade somente na segunda década após a Proclamação da República[29]. O vazio do ensino superior arrastou-se durante o Império em razão da intensa e reiterada polêmica gerada em torno ao seu sediamento.

Por motivos que sugerem mais investigações, o ensino superior brasileiro, em sua feição universitária, firmou-se como um caso nacional em descaso, até a virada do século XIX. Mesmo assim, não deixaram de brotar iniciativas regionais, por efeito, inclusive, de uma descentralização político-administrativa, conveniente para o governo central, e de uma mais marcada e sempre crescente preocupação moral e cultural expressa pelas comunidades locais[30].

As primeiras universidades brasileiras, a de Manaus e a do Paraná, instalaram-se sob o clima da liberdade do ensino. Eram as chamadas "universidades livres", permitidas pela Reforma Rivadávia Corrêa, de 1911*, e re-submetidas pela Reforma Carlos Maximiliano, de 1915**. Numa nova conjuntura política nacional, o governo resolve criar obstáculo à expansão universitária, passando a aplicar uma fórmula não de todo sofisticada: as instituições universitárias precisavam comprovar mais de cinco anos de existência; estarem sediadas em cidades com mais de cem mil habitantes; além do que deveriam mostrar solidez de patrimônio[31]. Tais condições obrigaram as instituições a se reconfigurarem. A Universidade do Paraná, por exemplo, entrega-se, artificiosamente, ao mando central, adotando a fórmula do, então, reitor João Ribeiro de

*Decreto nº 8.659, de 05 de abril de 1911, aprovou a lei orgânica do ensino superior e do fundamental na República, sob a presidência de Hermes da Fonseca.

**Decreto nº 11.530, de 18 de março de 1915, que reorganizou o ensino secundário e superior na República, sob a presidência de Venceslau Braz P. Gomes.

Macedo Filho. Desdobrou a estrutura administrativa dos cursos existentes, passando a constituir, pelo seu reagrupamento, três faculdades – de Direito, de Engenharia e de Medicina, resguardando a unidade dos propósitos institucionais na forma, como "federação de faculdades" e pela coesão do seu cotidiano acadêmico. Somente em 1920 é que vai ser criada a Universidade do Rio de Janeiro, a qual serve de modelo para equiparação, constituindo-se, pois, na primeira instituição "oficial" desse nível.

Entrementes, um grande salto haveria de ser dado uma década mais tarde, de 1930 a 1937. No período pós Revolução de 1930, o Brasil viveu um clima de efervescência ideológica com expressiva repercussão sobre a educação, múltiplos projetos se defrontaram no sentido da formulação de uma nova política educacional para o território nacional. Liberais, católicos, governistas e proletariados confrontaram-se. O discurso mais representativo dos "profissionais da educação" ficou refletido no *Manifesto dos Pioneiros da Educação Nova*, de 1932, considerado a bandeira da reconstrução educacional do Brasil. Com tal base, progressistas e conservadores acabaram negociando os rumos da educação brasileira, acolhendo muitos dos anseios das classes populares, o que ficou visível na Constituição de 1934, emanada de uma Assembléia Nacional Constituinte eleita pelo povo.

Porém, em sua evolução, a educação sofreria, outra vez, os reveses da política nacional. Sob o Estado Novo (1937-1945), o governo desobrigou-se de manter e expandir o ensino público. Também, ratificou o dualismo da escola brasileira, ao introduzir uma legislação que separava os que podiam estudar daqueles que deveriam estudar menos e ingressar no mercado de trabalho.

O conjunto das seis leis orgânicas de ensino instituídas durante o Estado Novo integrou a *Reforma Capanema*. Essas leis foram aplicadas ao ensino primário, secundário, industrial, comercial, normal e agrícola. Paralelamente, foram criados o Instituto Nacional de Estudos Pedagógicos (Inep), o Instituto Nacional do Livro (INL), o Serviço Público do Patrimônio Histórico e Artístico, o Serviço Nacional de Aprendizagem Industrial (Senai) e o Serviço Nacional de Aprendizagem Comercial (Senac). Com todos esses instrumentos institucionais, a paisagem escolar brasileira foi totalmente renovada.

2.2.5 Expansão e atualização da educação escolar

No entanto, apesar de tantas investidas regulatórias, a educação brasileira não alcançou a necessária consistência na construção do seu sistema. Entre os fatores críticos que dificultaram a sua legitimação situam-se, com certeza, o esforço de transplantação de tradições e instituições européias e o caráter elitista das melhores oportunidades escolares durante todo o decorrer de nossa história. Além disso, a descontinuidade administrativa corroborou com esse estado de precariedade da oferta e da freqüência escolar durante muito tempo.

Em meados da década de 1950, ao caracterizar a crise que se havia instalado, Anísio Teixeira[32] trazia à lembrança a dimensão discriminatória que gerava a dualidade do sistema de ensino, afirmando que

> *Até pouco tempo atrás, a educação era voluntária e destinada àqueles que dispusessem de lazer para recebê-la. Os educados pela escola constituíam uma elite social. A classe dominante é que educava os seus filhos, porque dispunha de recursos para que pudessem eles ficar afastados das*

atividades práticas e econômicas, pelo tempo necessário a essa educação escolar, que seria tanto melhor quanto mais longa.

Aos que não tinham condições de seguir a escola da elite, foi-lhes dada a oportunidade de ir à escola para obter um "meio de vida". Escolas pós-primárias de educação prática e utilitária intensificavam o preparo para ocupações de uma sociedade industrial em ascensão. A conseqüência dessa política foi a consolidação de um sistema dual, de classificação social.

O sistema dual proliferou, inclusive em razão das características assimétricas do desenvolvimento brasileiro, não só permitindo, mas fomentando as desigualdades para que se reproduzissem sobre a oferta escolar.

O papel do Estado agravou o quadro educacional dos anos 1950, ao incentivar a iniciativa privada a oferecer o ensino secundário, de caráter propedêutico, para o acesso ao ensino superior. Ao reduzir a sua participação e responsabilidade quanto à ação de educar, o governo precisou equiparar as escolas privadas, concedendo regalias aos colégios oficiais, inclusive validando seus exames e efeitos.

> *O Estado julgava que, não as criando nem mantendo, poderia conter a pressão social para o acesso às mesmas. Mas, não reparou que, embora quase não as mantivesse, reconheceria, pela equiparação, as escolas particulares, quantas aparecessem. E isto era o mesmo, ou era mais do que mantê-las. E, por outro lado, também não refletiu que, dada a organização da escola secundária e, sobretudo, a sua mantida filosofia de escolas apenas para treino da mente, tal escola podia ser barata, enquanto as demais escolas – para treino das mãos, digamos, a fim de acentuar o contraste – seriam sempre caras, pois requeriam oficinas, laboratórios e aparelhagem de alto custo.*[33]

O descompasso da expansão escolar sob tal modelo foi inevitável frente às aspirações sociais que se firmavam. A implantação de um sistema comum de educação, como o fizeram outros países, teria sido a melhor resposta para o sentimento democrático da época. Mas, não foi isso que ocorreu. A lógica do nosso Estado era outra.

Além do descompasso mencionado, a própria consciência profissional dentro da escola temperou o momento de revalorização educacional da década de 1950. Os professores deram mostras de insatisfação e engajaram-se na luta para adaptar seus métodos a novos imperativos. Daí, "a revolta contra a uniformidade e a rigidez do currículo, contra os programas impostos, contra os livros didáticos fracos e pobres, mas oficialmente aprovados"[34].

Assim, os educadores pleitearam a reorganização do sistema de ensino. Suas propostas diversificaram-se, incluindo, entre outras demandas: descentralização do ensino; incremento dos recursos financeiros; estabelecimento da continuidade do ensino, com a escola primária obrigatória, o ensino médio variado e o ensino especializado e superior rico e seletivo; prolongamento do período escolar para seis horas diárias e a eliminação dos turnos e oferta noturna apenas em caráter suplementar; melhores condições de trabalho para o professor; desoficialização dos currículos, programas escolares e livros didáticos; redução do número de professores por turma no ensino secundário; criação de exames de seleção para a continuidade no sistema; e reestruturação do ensino superior. Muitas das sugestões de mudanças pareceram radicais.

Nessa atmosfera, um projeto de lei "rolou", literalmente, por treze anos, pelas gavetas dos nossos legisladores, freado, principalmente, pelo embate entre a escola pública e a escola privada. Finalmente, em 20 de dezembro de 1961, foi aprovada a primeira Lei de Diretrizes e Bases da Educação Nacional – Lei 4024/61. Assim mesmo, nem todo o seu conteúdo chegou ao termo esperado. Foram mais de trezentas emendas a mutilar a sua consolidação. Contudo, o mais importante é que essa lei ganhou um caráter complementar à Constituição, de modo que todas as esferas administrativas ficaram a ela subordinadas. A descentralização da ação de educar e a autonomia escolar tal como expressas nesse documento legal, vão constituir o primeiro passo para a expansão e a atualização do sistema de ensino nos últimos quarenta anos. Essa sua dimensão proporcionou-lhe a alcunha de "lei da alforria educacional".

Não havia terminado a década de 1960 e os ânimos sociais estavam especialmente exaltados pelo caráter seletivo que o sistema ainda mantinha. As reclamações mais vivas, vindas de familiares de estudantes, chamavam a atenção para as oportunidades de acesso ao ensino superior. A limitação de vagas na rede pública, manifestada pela mobilização de vestibulandos "excedentes" (com média para ingressar e não podendo por falta de vaga) constituiu-se no primeiro móvel de uma reforma desencadeada sobre a organização do ensino superior. Em 1968, pela Lei 5540, reestrutura-se a universidade brasileira e, em 1971, reorganiza-se o ensino de primeiro e segundo graus, pela Lei 5692. As palavras de ordem, naquele momento, são a expansão e a atualização do ensino, embasadas em um princípio insistente de racionalização. A reforma educacional se dá de cima para baixo, num todo coerente.

Além do caráter tecnocrático acentuado, as reformas de 1968/1971, formuladas nos bastidores do Regime Militar, suscitaram severas críticas especialmente relacionadas à compulsoriedade da qualificação profissional no segundo grau e ao modelo organizacional adotado para o ensino superior. Em 1982, a Lei 7044 serviria de remendo à proposta inicial, introduzindo a reconceituação ideologizada da "qualificação para o trabalho" aplicada ao ensino de segundo grau. Àquelas alturas, esse grau de ensino ficou esvaziado de sentido, outra vez. Quanto ao ensino superior, ocorreu uma adaptação paulatina e certas orientações não vingaram. A organização departamental, o regime letivo semestral, a matrícula por disciplina, a integralização curricular, o ciclo básico – entre outras soluções – seguiram rumos diversos em cada instituição.

De qualquer modo, percorrendo a literatura que analisa as reformas patrocinadas pelo Regime Militar, deparamo-nos com apreciações divergentes e que consideramos não definitivas. A extensão da obrigatoriedade escolar associada à fusão de graus escolares, princípio de continuidade no sistema, à flexibilidade curricular, entre outras, são soluções passíveis de serem reconsideradas em seu mérito. Por estarem muito próximas no tempo e por terem sido incorporadas, em parte, pela última reforma educacional, essas reformas servem de contraponto para as análises da realidade atual.

A outras expressões da política dessa época cabem críticas importantes. A compulsoriedade da formação profissional no ensino médio interposta pela Lei 5692/71, por exemplo, suscita questionamento, seja pelo esvaziamento da formação básica geral, seja pela precocidade da situação de escolha dos alunos por uma habilitação, seja pela prevalência do critério econômico sobre o social e o cultural. No entanto, foi o controle ideológico explícito, em todo o sistema, seguramente, de todos os males, o mais indecente, à época.

Com o fim do Regime Militar, sob a égide de um novo cenário de saliente mobilização da sociedade política e da sociedade civil organizada, e de uma nova Constituição Federal é sancionada a Lei 9394, em 20 de dezembro de 1996, à qual dedicaremos todos os capítulos que se seguem.

Os tempos e os espaços escolares no processo de institucionalização da escola primária no Brasil

Luciano Mendes de Faria Filho e Diana Gonçalves Vidal – Escolas de improviso (séc. XVIII e XIX)

O período colonial legou-nos um número muito reduzido de escolas régias ou de cadeiras públicas de primeiras letras, constituídas sobretudo a partir da segunda metade do século XVIII. Com professores reconhecidos ou nomeados como tais pelos órgãos de governos responsáveis pela instrução, essas escolas funcionavam em espaços improvisados, como igrejas, sacristias, dependências das Câmaras Municipais (sic), salas de entrada de lojas maçônicas, prédios comerciais, ou na própria residência dos mestres (Barbanti, 1977; Hilsdorf, 1986). Nesse último caso, recebiam os professores, algumas vezes, uma pequena ajuda para o pagamento do aluguel. Os alunos ou alunas dirigiam-se para esses locais, e lá permaneciam por algumas horas. Não raramente o período escolar de 4 horas era dividido em duas sessões: uma das 10 às 12 horas e outra das 14 às 16 horas.

No entanto, não podemos considerar que apenas aqueles, ou aquelas, que freqüentavam uma escola tinham acesso às primeiras letras. Pelo contrário, tem-se indícios de que a rede de escolarização doméstica, ou seja, do ensino e da aprendizagem da leitura, da escrita e do cálculo, mas sobretudo daquela primeira, atendia um número de pessoas bem superior à rede pública estatal. Essas escolas, às vezes chamadas de particulares, outras vezes de domésticas, ao que tudo indica, superavam em número, até bem avançado o século XIX, àquelas escolas cujos professores mantinham um vínculo direto com o Estado.*

Em que espaço elas funcionavam? *Grosso modo* pode-se dizer que tais escolas utilizavam-se de espaços cedidos e organizados pelos pais das crianças e jovens aos quais os professores deveriam ensinar. Não raramente, ao lado dos filhos e/ou filhas dos contratantes vamos encontrar seus vizinhos e parentes. O pagamento do professor era de responsabilidade do chefe de família que o contratava, em geral um fazendeiro.

Outro modelo de educação escolar que, no decorrer do século XIX, foi-se configurando caracterizava-se pela iniciativa dos pais, em conjunto, em criar uma escola e, para ela, contratar coletivamente um professor ou uma professora. Esse modelo, bastante parecido com o anterior, apresentava como diferença fundamental que essa escola e seu professor não mantinham nenhum vínculo com o Estado, apesar dos crescentes esforços deste último, em vários momentos, para sujeitar tais experiências a seus desígnios.

Era essa multiplicidade de modelos de escolarização, aos quais se poderiam somar, ainda, o dos colégios masculinos e femininos e o da preceptoria, que vamos encontrar como forma de realização da escola no século XIX. Todos eles, com exceção dos colégios, utilizavam espaços improvisados das casas das famílias ou dos professores e de prédios públicos ou comerciais. Todos eles, exceto o

* A experiência mineira, que não parece ser única, bem o demonstra, em 1827, Bemardo Pereira de Vasconcelos sustentava que, em Minas Gerais, havia 23 escolas públicas e 170 escolas privadas.

primeiro, eram freqüentados quase exclusivamente por crianças e jovens abastados. Em todas as escolas, era, geralmente, proibida a freqüência de crianças negras, mesmo livres, até pelo menos o final da segunda metade do século, o que não impedia, todavia, que elas tomassem contato com as letras e, às vezes, fossem instruídas, sobretudo no interior de um modelo mais familiar ou comunitário de escolarização.

A questão do espaço para abrigar a escola pública primária começou a aparecer especialmente a partir da segunda década do século XIX, em algumas cidades da então Colônia, e, posteriormente à independência, em várias províncias do Império, quando intelectuais e políticos puseram em circulação o debate em torno da necessidade de se adotar um novo método de ensino nas escolas brasileiras: o método mútuo (Bastos e Faria Filho, 1999). Afirmavam que a maneira como estava organizada a escola, com o professor ensinando cada aluno individualmente, mesmo quando sua classe era formada por vários alunos (método individual), impedia que a instrução pudesse ser generalizada para um grande número de indivíduos, tornando a escola dispendiosa e pouco eficiente.

Fonte: FARIA FILHO, Luciano Mendes; VIDAL, Diana Gonçalves. Os tempos e os espaços escolares no processo de institucionalização da escola primária no Brasil. In: ANPED. 500 anos de educação escolar. **Revista Brasileira de Educação**. Campinas: Autores Associados. Maio-ago/2000, n° 14, p. 19-34.

Três

Princípios e finalidades da educação escolar brasileira

Palavras-chave

Princípios; finalidades; valores; democratização do ensino.

Problemática

A concretude do sistema de ensino revela-se pela existência de estruturas e objetivos que suportam as instituições encarregadas de desenvolver a tarefa pedagógica, administrá-la, normatizá-la. Entretanto essa fria hierarquia tem alma. O sistema tem alma, para ser um verdadeiro sistema. Essa "alma" tem o contorno das escolhas filosóficas que se convertem em determinações políticas. Essas escolhas e essas determinações são invariavelmente geradas num contexto de tensões, onde diferentes forças sociais, com interesses muitas vezes opostos e antagônicos, entram em conflito. A dominância de valores, de culturas, de conjunturas será sempre uma representação provisória.

3.1 Princípios e finalidades: o sentido da ação de educar

A ação de educar é um processo intencional e organizado. Organizado, observa Furter[1], porque nele estão presentes seqüências de ações dotadas de objetivos, alguém que é seu agente responsável e uma situação de formação que relaciona a situação de vida do aprendiz e o comportamento do agente de intervenção.

A primeira referência que orienta os sistemas escolares e instrui o julgamento que se possa fazer da sua efetividade e pertinência tem que ver com os princípios e as finalidades. Assim, o trabalho educacional que se desenvolve nos sistemas escolares é estruturado de acordo com uma filosofia, uma doutrina social e as aspirações da sociedade – predominantes em cada momento histórico.

No seu sentido mais abrangente, as finalidades da educação têm uma função integradora. Servem ao alinhamento de propósitos de todas as realidades singulares que compõem o cenário educacional de uma nação.

As finalidades da educação, ainda, mobilizam o empenho de todo o sistema escolar e asseguram a permanência de valores prezados pela sociedade, para o presente e para o futuro. As finalidades têm um componente prospectivo e demarcam um destino para a ação de educar, muito embora, precisamos dizer, elas possam ser desconsideradas.

As finalidades da educação fazem ou, ao menos, tentam fazer, do conjunto dos sistemas escolares, uma realidade solidária. Isto é, respeita-se a alteridade da ação de educar no plano mais concreto das escolas, ao mesmo tempo em que se preserva a unidade em relação aos ideais nacionais. Por tudo o que representam, as finalidades da educação integram a Carta Magna (constituição) de cada país.

3.2 Princípios e finalidades do ensino no Brasil

Em nossa história, de muitas constituições e muitas reformas educacionais, as finalidades da educação sofreram redefinições de acordo com a disputa política e os consensos alcançados pelas lideranças institucionais. Até 1934, as constituições não dispuseram sobre as intenções educativas nacionais, como podemos observar nos excertos que seguem.

- Constituição de 1824

  Art. 179. A inviolabilidade dos direitos civis e políticos dos cidadãos brasileiros, que têm por base a liberdade, a segurança individual e a propriedade, é garantida pela constituição do Império.

  § 32. A instrução primária é gratuita a todos os cidadãos.

- Constituição de 1891

  Art. 72.

  § 6º. Será leigo o ensino administrado nos estabelecimentos públicos.

- Constituição de 1934

  Art. 149. A educação é direito de todos e deve ser ministrada pela família e pelos poderes públicos, cumprindo a estes proporcioná-la a brasileiros e a estrangeiros domiciliados no país, de modo que possibilite eficientes fatores da vida moral e econômica da nação, e desenvolva num espírito brasileiro a consciência da solidariedade humana.

- Constituição de 1937

  Art. 125. A educação integral da prole é o primeiro dever e o direito natural dos pais. O Estado não será estranho a esse dever, colaborando, de maneira principal ou subsidiária, para facilitar a sua execução ou suprir as deficiências e lacunas da educação particular.

  Art. 126. Aos filhos naturais, facilitando-lhes o reconhecimento, a lei assegurará a igualdade com os legítimos, extensivos àqueles os direitos e deveres que em relação a estes incumbe aos pais.

  Art. 127. A infância e a juventude devem ser objeto de cuidados e garantias especiais por parte do Estado, que tomará todas as medidas destinadas a assegurar-lhes condições físicas e morais de vida sã e de harmonioso desenvolvimento das suas faculdades. O abandono intelectual, moral ou físico da infância e da juventude importará falta grave dos responsáveis por sua guarda e educação, e cria ao Estado o dever de provê-las do conforto e dos cuidados indispensáveis à preservação física e moral. Aos pais miseráveis assiste o direito de invocar o auxílio e proteção do Estado para a subsistência e educação da sua prole.

- Constituição de 1946

  Art. 166. A educação é direito de todos e será dada no lar e na escola. Deve inspirar-se nos princípios de liberdade e nos ideais de solidariedade humana.

- Constituição de 1967

  Art. 168. A educação é direito de todos e será dada no lar e na escola; assegurada a igualdade de oportunidade, deve inspirar-se no princípio da unidade nacional e nos ideais de solidariedade humana.

- Emenda Constitucional de 1969

  Art. 176. A educação, inspirada no princípio da unidade nacional e nos ideais de liberdade e solidariedade humana, é direito de todos e dever do Estado, e será dada no lar e na escola.

Com certeza, os distintos termos dispostos em nossas constituições passadas devem ser interpretados em seus respectivos momentos históricos. Na inauguração do Império, a gratuidade do ensino primário se traduziu no principal compromisso escolar do Estado. Com a República, proclamou-se a laicidade do ensino. Daí por diante, a educação, como direito de todos e dever da família e do Estado, consolidou-se, ainda que com nuanças: sentido moral, econômico e ético (1934), sentido protecionista e assistencialista (1937), princípio de liberdade (1946), princípio de igualdade de oportunidades e unidade nacional (1967), dever do Estado, princípios de liberdade de ensino e igualdade de oportunidades (1969). O princípio de solidariedade introduzido em 1934 foi resgatado em 1946 e reconfirmado no texto de 1967, 1969 e na Constituição Brasileira de 1988 (última).

Nos dias atuais, nossas escolas devem atender a propósitos proclamados pela Constituição de 1988, reforçados pela Lei 9394/96. Segundo esses documentos, a educação escolar é reconhecida como direito de todos e dever do Estado e da família. Nesse sentido, a sociedade é chamada a colaborar no empenho de proporcionar *o pleno desenvolvimento da pessoa, seu preparo para o exercício da cidadania e sua qualificação para o trabalho* (Constituição Federal, Título VIII, Da Ordem Social, Capítulo III, Da Educação, da Cultura e do Desporto, Artigo 205).

Porém, a missão de educar, lembremos, como toda e

qualquer ação social com pretensão de convergência ética, serve-se de diretrizes fundamentais. As regras que regem o cumprimento das finalidades são os princípios.

Os princípios que inspiram a educação brasileira contemporânea apresentam, como ocorre em relação a quase todos os sistemas de ensino contemporâneos, uma aspiração democratizadora. Em consonância com essa pretensão, nossos princípios relevam os seguintes postulados:

- a igualdade de condições de acesso e permanência na escola;
- a liberdade de aprender, ensinar, pesquisar e de divulgar o pensamento, a arte e o saber;
- o pluralismo de idéias e concepções pedagógicas;
- a coexistência de instituições públicas e privadas de ensino;
- a gratuidade do ensino público nas instituições oficiais;
- a valorização dos profissionais do ensino;
- a gestão democrática do ensino público.

Nunhum estabelecimento de ensino, em nosso país, pode contrariar essa orientação, mesmo as escolas e redes privadas. Aqui, ao preconizar que o ensino no Brasil é livre à iniciativa privada, a legislação condiciona essa liberdade de ensinar a três situações:

- obediência às normas gerais de educação nacional e do respectivo sistema de ensino;
- autorização de funcionamento e avaliação de qualidade pelo poder público;
- capacidade de auto-financiamento, ressalvada a possibilidade de subvenção, por parte do Estado, quando se trata de escolas comunitárias, confessionais ou filantrópicas, definidas em lei.

Uma olhadela mais demorada sobre os princípios da educação brasileira sugere uma discussão mais aprofundada. *Até que ponto conseguimos identificar a intenção do legislador? O que se pode entender por "igualdade de condições"? Os princípios enunciados têm a mesma grandeza entre si? Que novidades e/ou avanços poderíamos ressaltar em relação à evolução dos princípios que orientam a educação brasileira?*

Anísio Teixeira[2], em seu texto *Valores Proclamados e Valores Reais*, revelou a histórica insensatez de termos assumido, na letra, compromissos que jamais pudemos realizar na prática, tão remotos que estiveram em relação a nossa realidade. Nessa acepção, poderíamos dizer que, no passado, fomos europeus nostálgicos e, hoje, somos a rebarba* de um processo de globalização.

Se é verdade, no entanto, que não se discute mais a onipresença da forma escolar no mundo contemporâneo, há que se lembrar que tal se dá, em parte, em razão da crença que alimentamos na contribuição da escola para o processo de democratização social.

Sem embargo, a educação escolar está submetida a um consenso mundial, a uma qualificação internacional e a uma lógica de gestão empresarial. A cultura da competição e o caráter privatista das definições inerentes à globalização da educação funcionam como um rolo compressor que antecipa o estabelecimento das relações entre a economia, a sociedade e a escola; desconhecendo as realidades em sua singularidade, menosprezando as contradições que aí se estabelecem. Assim mesmo, as finalidades da educação, no plano global e dentro

* Rebarba: aspereza deixada nas bordas do sulco por certo gênero de burilada.

da concepção atual de "uma sociedade do conhecimento", dão prioridade ao aperfeiçoamento pessoal, à cidadania ativa, à inclusão social e à adaptabilidade[3]. O caráter perverso, nem sempre visível, das condutas públicas nacionais, no que concerne à educação, tem sido nada mais nada menos que um subproduto do viés utilitarista atribuído às finalidades educacionais, em concordância com o modelo econômico dominante. Modelo, devemos reconhecer, emergido da grande onda neoliberal instalada a partir dos anos 1980, que contaminou profundamente as representações e as políticas nos países ocidentais[4].

Em conseqüência, princípios e finalidades da educação escolar, quando convertidos em objetivos, queremos dizer, quando operacionalizados sob tal inspiração, sugerem nossa crítica, pois acreditamos, com Laval[5], que a realização integral da escola neoliberal não tem nada de fatal. Aos atores da escola se lhes reserva o privilégio de enfrentar um debate crucial de modo a engajar um modelo de civilização desejável oposto ao que se cultiva com a mercantilização geral dos saberes e das aprendizagens e seus efeitos sobre o recrudescimento das desigualdades sociais. É preciso confiar na escola.

Para um Enfoque Mundial do Problema das Finalidades.

Bogdan Suchodolski (traduzido e adaptado)

A educação deve, em nossa época, realizar importantes tarefas. Precisamente por esta razão a responsabilidade dos educadores aumenta. Sua função é muito mais difícil que antes, pois os objetivos da educação que eles devem alcançar não são tão claros nem tão reconhecidos, de um modo geral, como o eram no passado. Enquanto antigamente a função dos educadores consistia somente em transmitir as finalidades da educação fixadas pela sociedade, na atualidade eles devem participar em sua proposição. Unindo seus esforços aos da parte mais lúcida da sociedade, unindo-se com os que buscam instaurar no mundo inteiro uma ordem justa e geral, associando-se às aspirações e às inquietudes dos jovens, os educadores devem desenvolver um diálogo difícil, pleno de incertezas, de esperanças e de vacilações, um diálogo que tem por finalidade o estabelecimento da comunidade entre os indivíduos e a luta contra o fanatismo e as discriminações. Nesse diálogo deverão ser formulados objetivos remotos da educação de modo a eliminar todos os conformismos e oportunismos que consolidam a situação atual que é necessário melhorar. Entretanto, esse diálogo não deve ir demasiado longe no futuro, já que sua visão poderia perturbar as atividades atuais. A educação permanente, que é o grande tema de nossa época, obriga a determinar, incessantemente, as metas que regulam as mudanças na vida dos povos e dos indivíduos. Trata-se de aceitar as tradições históricas existentes que fortalecem o sentimento de identidade nacional, mas também se trata, e em forma simultânea, de prevenir o nacionalismo através de uma ampla abertura em direção às tarefas da civilização global.

É preciso vincular o patriotismo local às obrigações de todos os povos e de todos os Estados com respeito à comunidade humana. Nessa ótica, os educadores devem buscar e determinar os valores reconhecidos por todos os indivíduos. Contra as tendências relativistas de nosso tempo, necessitamos - como o ensina a tradição da cultura européia formada por diferentes fontes - reencontrar a identidade humana na heterogeneidade das imagens e das ações criadas pelas diferentes civilizações do mundo.

As finalidades e os valores educativos vinculados à problemática da civilização devem completar-se por meio de uma reflexão sobre as tarefas da educação na vida das diferentes sociedades desta terra. O sentido múltiplo das propostas da democracia deve precisar-se concretamente, em situações determinadas. Trata-se, sobretudo, de desenvolver a participação de todos em tudo o que é mais importante para todos, assim como associar os direitos e as obrigações, a evolução do indivíduo e a consolidação da comunidade. Nas condições difíceis da vida contemporânea cheia de tensões e de contradições, a imunidade do indivíduo deve constituir a intenção prioritária. Em torno a esse princípio, tantas vezes violado na história do mundo, devem se concentrar todos os esforços dos educadores.

Face a tal entendimento, as instituições educacionais públicas precisam inspirar e desenvolver relações de homem a homem, que se inscrevem, como dizem os filósofos, nas categorias "eu e tu", e não nos sistemas "eu e eles". Finalmente, os educadores deveriam ter por tarefa ajudar a criação de uma boa estratégia da vida individual. A formação profissional de cada cidadão e sua participação na vida social são importantes, sem dúvida alguma. Mas a orientação da vida em direção aos valores não instrumentais por meio dos quais se realiza a vocação do indivíduo e não só os seus êxitos, avaliados de forma pragmática, é, também, sumamente importante. Ao aceitar as obrigações concretas e as necessidades vitais que se manifestam "aqui e agora", o indivíduo deveria, também, organizar a sua vida em função da estratégia determinada por uma concepção humana da existência, tantas vezes expressada nas doutrinas religiosas e metafísicas como nas do humanismo laico. Isso significa, na opinião dos filósofos, que o ser tem prioridade sobre o ter e o atuar. Ser homem é, em definitivo, o que traduz a vocação suprema dos educadores.

Fonte: SUCHODOLSKI, Bogdan. Para un enfoque mundial del problema de las finalidades. Conclusión. In: **Finalidades de la educación**. Paris: Unesco, 1981, p. 186-187.

Quatro

A estrutura do sistema de ensino

Palavras-chave

Estrutura vertical; estrutura horizontal; articulação; trajetória escolar; seriação; graus; séries; ciclos; modalidades; transferência; classificação; aceleração; avanço; aproveitamento de estudos; correção de fluxo; repetência; evasão.

Problemática

Classificações internacionais tomam a sobrevida do cidadão no sistema escolar como um dos fatores reveladores do desenvolvimento do sistema e da sociedade.

Ao lado de indicadores de despesas públicas com a educação confrontadas com o Produto Nacional Bruto, de taxas de matrícula, de promoção, repetência e evasão escolar, o "número de anos de escolarização" constitui uma referência para julgamento do desenvolvimento educacional dos sistemas nacionais de ensino nas estatísticas internacionais oficiais.

Mas, se o valor desse indicador é tão fundamental, torna-se útil pesquisar os fatores que impedem que o aluno permaneça na escola de modo a expandir o seu histórico curricular até uma terminalidade esperada.

Uma das condições facilitadoras / dificultadoras da permanência do aluno na escola está na estrutura de ensino. Essa pode ser mais ou menos seletiva, pode ter mais ou menos opção, pode ter mais ou menos barreiras a transpor.

Medidas recém adotadas no Brasil realizaram um "arrocho estrutural", amarrando a idade cronológica à hierarquia das séries, com o que se conseguiu, em curtíssimo prazo, agilizar a saída do ensino fundamental.

Denominou-se essa ingerência de correção de fluxo. A resistência à sua implantação pode ser interpretada pela insipiência das medidas correlatas de suporte. Os contraturnos e os programas de recuperação não favoreceram o êxito imaginado como possível pelas instâncias administrativas. Sobram questões investigativas, sobre o atraso escolar e a sua relação com os processos de ensino-aprendizagem. A observação do cotidiano escolar revela, por outro lado, a fraude das estatísticas: alunos com quatro anos de vida escolar não sabem ler nem escrever. Já as trajetórias escolares a partir do ensino médio diversificam-se um pouco e os segmentos formativos são mais curtos. Cabe perguntar: que sentido têm as mudanças que estão sendo introduzidas no sistema de ensino brasileiro, desde a inclusão de série obrigatória antes dos sete anos ao encurtamento dos cursos de graduação, a aceleração da formação na pós-graduação etc.

4.1 Sobre a noção de estrutura

A educação escolar, como já dissemos, realiza-se em tempo e espaço determinados; como atividade intencional e organizada, disciplina as trajetórias formativas de sua população, mediante um arranjo universalmente aceito. Podemos dizer, sem medo de errar, que as mesmas estruturas ou parecidas podem ser observadas em sistemas escolares de outros países, nos dias de hoje.

A estrutura do ensino é o recurso formal que faz a mediação das trajetórias escolares. Essas trajetórias têm, como parâmetros ou referências teóricas, a idade cronológica e as condições psicológicas dos alunos e alunas, o papel social de cada grupo etário, o papel da escola e o modelo pedagógico adotado.

À medida que as condições sociais exigem e a cultura se enriquece, o sistema escolar desenvolve-se e as fronteiras da organização escolar expandem-se. A estrutura do ensino sofre adaptações, entretanto o modelo da estrutura do ensino apresenta um viés universal e duradouro por trabalhar com as consagradas fases evolutivas humanas – infância, adolescência, juventude e idade adulta – correspondendo à educação infantil, educação básica (fundamental e média) e educação superior. Os sistemas variam em termos de condições de ingresso, de progresso, de articulação e de finalização.

Por esse motivo, o sistema pouco se diversificou, fazendo com que as trajetórias individuais se conformassem, cada vez mais, a uma orientação massiva. As variações tem sido discretas.

Por outro lado, a tendência generalizada de garantir o ensino como direito humano levou os sistemas a abraçarem a escolaridade obrigatória. Nas sociedades mais desenvolvidas, os sistemas prolongam-se, assim como se estende a própria faixa da obrigatoriedade.

A noção de estrutura de ensino integra os seguintes descritores: ESTRUTURA VERTICAL, ESTRUTURA HORIZONTAL, INGRESSO, ARTICULAÇÃO E SAÍDA. Todos esses descritores estão subordinados a critérios de FINALIDADE E METAS PROGRESSIVAS, FLEXIBILIDADE, SELETIVIDADE, CONTINUIDADE E TERMINALIDADE.

A estrutura vertical promove a SEQÜÊNCIA HIERARQUIZADA da trajetória discente. Os passos que um aluno, na atualidade, dá, dentro de um sistema escolar, estão normalmente enquadrados em etapas formativas dentro de um modelo pedagógico determinado. *O que uma criança de seis anos, um adolescente de doze ou um jovem de dezessete, precisam conhecer e saber fazer em uma determinada sociedade? Que experiências são desejáveis para o seu desenvolvimento naqueles momentos cronológicos em razão de uma dada cultura?*

Quadro 2 – Fluxo no Sistema Escolar

SENTIDO/ COMPONENTE	*VERTICAL*	*HORIZONTAL*
Estrutura	Etapas formativas Seqüências hierarquizadas: graus, níveis, séries, ciclos	Opções de trajetórias Agrupamentos não seriados Modalidades de ensino
Articulação	Ingresso Promoção Progressão Avanço Aceleração Exames (vestibular, p.ex.)	Recuperação Transferência Classificação Aproveitamento de estudos Equivalência

4.2 A estrutura do sistema de ensino

A estrutura vertical do sistema de ensino brasileiro compõe-se dos seguintes níveis:

- educação básica, formada pela educação infantil, ensino fundamental e ensino médio; e
- educação superior, formada pela graduação, pós-graduação, cursos seqüênciais e extensão.

A EDUCAÇÃO BÁSICA tem por finalidade *desenvolver o educando, assegurar-lhe a formação comum indispensável para o exercício da cidadania e fornecer-lhe meios para progredir no trabalho e em estudos posteriores* (Lei 9394/96, Art. 22).

A EDUCAÇÃO INFANTIL, *primeira etapa da educação básica, tem como finalidade o desenvolvimento integral da criança até seis anos de idade, em seus aspectos físico, psicológico, intelectual e social; complementando a ação da família e da comunidade* (Art. 29).

Tabela 1 – Matrículas na Educação Infantil

Região	*1997*	*2001*	*2002*	*2003*[1]
Norte	344.140	420.929	437.242	449.609
Nordeste	1.511.164	1.759.804	1.786.813	1.833.920
Centro-Oeste	248.250	333.019	345.685	360.455
Sudeste	1.986.739	2.600.454	2.744.705	2.897.550
Sul	549.927	797.944	810.324	837.999
Brasil	4.640.220	5.912.150	6.124.769	6.397.601

Fonte: Inep. Matrículas na Educação Infantil. Disponível em <http://www.inep.gov.br/estatisticas/default.asp> Acesso em: abr. 2005

Nota: (1) dados preliminares.

As estatísticas sobre a educação infantil no País indicam uma ascensão das matrículas nos últimos anos. Podemos considerar esse aumento como indício positivo. Entretanto, esse não é um dado suficiente. Outros aspectos condicionam a qualidade do atendimento nesse nível escolar.

O ensino fundamental, recebe crianças dos sete aos quatorze anos e, em alguns casos, facultativamente, as de seis anos*. Esse grau tem como objetivos:

> *A formação básica do cidadão, mediante o desenvolvimento da capacidade de aprender (domínio pleno da leitura, escrita e cálculo); a compreensão do ambiente natural e social, do sistema político, da tecnologia, das artes e dos valores em que se fundamenta uma sociedade; o desenvolvimento da capacidade de aprendizagem (aquisição de conhecimentos, habilidades e formação de atitudes e valores) e o fortalecimento dos vínculos de família, dos laços de solidariedade humana e de tolerância recíproca (Lei 9394/96, Art. 32).*

No Brasil, a matrícula no ensino fundamental varia entre as regiões geográficas. Nos útimos anos ela mudou a sua característica evolutiva. Há um decréscimo paulatino de alunos matriculados que se iniciou em 2001 e se generalizou a partir de 2003.

*Quando do desenvolvimento deste livro, discutia-se a obrigatoriedade do ingresso escolar aos seis anos.

Tabela 2 – Matrículas no Ensino Fundamental

Região	*1997*	*2001*	*2002*	*2003*[1]
Norte	3.317.657	3.272.305	3.331.130	3.255.476
Nordeste	12.552.677	12.430.998	12.369.470	12.119.384
Centro-Oeste	2.626.659	2.542.969	2.582.346	2.500.726
Sudeste	13.201.120	12.672.107	12.575.085	12.415.790
Sul	4.472.530	4.379.710	4.375.465	4.352.556
Brasil	36.170.643	35.298.089	35.233.496	34.719.506

Fonte: Inep. Matrículas no ensino fundamental. Disponível em <http://www.inep.gov.br/estatisticas/default.asp> Acesso em: abr. 2005

Nota: (1) dados preliminares.

O ensino médio constitui a etapa final da educação básica. Com duração mínima de três anos, esse grau recebe alunos dos 15 anos em diante e tem, como finalidade, *a consolidação e o aprofundamento dos conhecimentos adquiridos no ensino fundamental, possibilitando o prosseguimento de estudos* (Lei 9394/96, Art. 35).

A avaliação do sistema de ensino no Brasil leva em conta, entre outros índices, a taxa de escolarização líquida.

Tabela 3 – Taxa de Escolarização Líquida do Ensino Médio

ANO	*TAXA*
1994	20,8
2000	33,3

A taxa de escolarização líquida identifica o percentual da população em determinada faixa etária que se encontra matriculada no nível de ensino regular teoricamente adequado a essa faixa etária, matriculados no grau e idade próprios. No caso do ensino médio, essa taxa tem evoluído diferentemente do ensino fundamental. Ou seja, a escolarização líquida desse nível sugere um fluxo escolar cada vez mais ágil, etariamente adequado e com permanência (sem evasão).

Em nosso país, as crianças devem permanecer, na escola dos sete aos quatorze anos, obrigatoriamente. Daí a gratuidade desse nível de ensino nas escolas oficiais, pois quem obriga a matrícula deve garantir a oferta.

Gráfico 1 – Matrículas e Concluintes do Ensino Fundamental e Médio Regular – 1994-2002 em Milhões

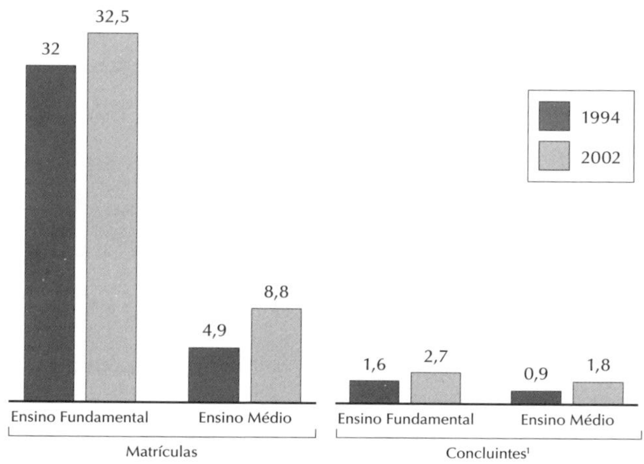

Fonte: Inep. Matrículas e concluintes do ensino fundamental e médio regular. Disponível em <http//www.inep.gov.br/estatisticas/default.asp> Acesso em: abr. 2005

Nota: (1) concluintes do ano anterior.

Fluxo e permanência, por sua vez, submetem-se a uma hierarquização formativa.

As etapas da educação básica – educação infantil, ensino fundamental e ensino médio – desdobram-se em outras gradações. A educação infantil é oferecida em creches, para crianças até três anos, e em pré-escolas, para as crianças de quatro a seis anos. O ensino fundamental, com duração de oito anos, pode ser desdobrado em ciclos (Lei 9394/96, Art 30). Essa definição poderá ser feita em cada sistema ou, mesmo, no âmbito das escolas, enquanto matéria do seu projeto pedagógico.

É muito difícil chegar aos números exatos da oferta da educação infantil, uma vez que só a partir da reforma de 1988 é que o sistema de informações enquadrou institucionalmente no sistema escolar aqueles estabelecimentos. Em tempos passados, creches e a maior parte dos jardins de infância enquadravam-se na função de assistência social.

Tabela 4 – Matrícula na Educação Infantil – 1994-2002

ANO	*CRECHE*	*PRÉ-ESCOLA*
1994		4.002.672
1998	381.804	4.111.120
2002	1.152.511	4.977.847
Cresc. 1998-2002	20%	21%
Cresc. 1994-2002		24%

Além das possibilidades de hierarquização formativa descritas, há uma abertura para as escolas se organizarem de acordo com seu modelo pedagógico. Nesse sentido, elas podem organizar a educação básica em séries anuais, períodos semestrais, ciclos e alternância regular de períodos de estudos.

Podem, também, formar grupos de estudos não seriados, recorrendo a diversos critérios, como a idade, a competência, os interesses ou algum outro (Lei 9394/96, Art. 23).

Por outro lado, a estrutura horizontal do nosso sistema de ensino abre campo para a oferta de modalidades de formação em cada nível. Essas modalidades vão atender às opções institucionais e individuais. Constituem modalidades dentro da estrutura do ensino: a educação de jovens e adultos, a educação profissional, a educação especial e a educação a distância. Nem todas as escolas oferecem todas as modalidades, pois elas implicam na diferenciação dos programas escolares e na resposta às demandas locais.

A EDUCAÇÃO DE JOVENS E ADULTOS, por exemplo, está destinada *àqueles que não tiveram acesso ou continuidade de estudos no ensino fundamental e médio na idade própria* (Lei 9394/96, Art. 37). Nesse caso, o sistema de ensino deve oferecer *oportunidades educacionais apropriadas, consideradas as características do aluno, seus interesses, condições de vida e de trabalho, mediante cursos e exames* (Art. 37, § 1º). Ou seja, essa orientação implica em ofertas noturnas, ofertas em tempo reduzido, certificação por exames, atendimento individual ou massivo, métodos pedagógicos adequados, em situação presencial ou a distância. Os objetivos educacionais são os correspondentes aos níveis fundamental e médio.

Tabela 5 – Matrículas no Ensino Fundamental

Região	*1997*	*2001*	*2002*	*2003*[1]
Norte	325.890	521.708	589.992	588.291
Nordeste	732.180	1.119.142	1.375.001	1.633.712
Centro-Oeste	209.631	262.221	236.706	276.584
Sudeste	1.183.377	1.320.721	1.148.227	1.262.803
Sul	430.692	554.197	442.812	443.727
Brasil	2.881.770	3.777.989	3.792.738	4.239.475

Fonte: Inep. Matrículas no ensino fundamental. Disponível em <http://www.inep.gov.br/estatisticas/default.asp> Acesso em: abr. 2005

Nota: (1) dados preliminares.

A educação de jovens e adultos também apresenta uma evolução positiva. Nessa modalidade, entre os dois níveis, o ensino fundamental ainda representa a principal demanda. O ensino médio para jovens e adultos ainda se ressente de oportunidades mais expressivas, se considerarmos o seu peso demográfico.

Gráfico 2 - Matrículas e Concluintes do Ensino Fundamental e Médio Supletivo - 1994-2002 (em milhões)

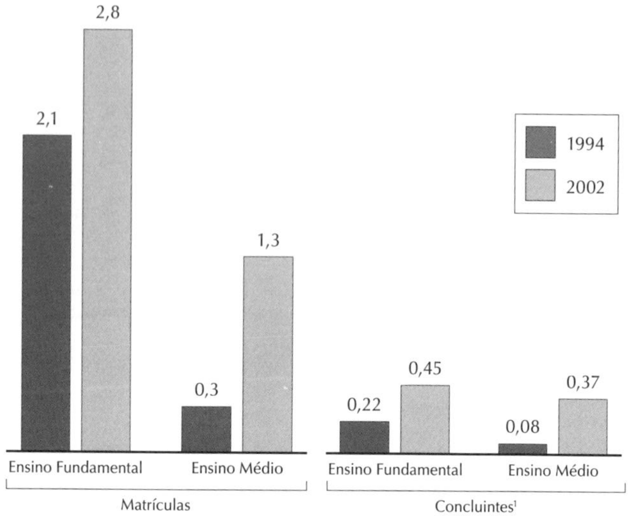

Fonte: Inep. Matrículas e concluintes do ensino fundamental e médio supletivo - 1994-2002. Disponível em <http://www.inep.gov.br/estatisticas/default.asp> Acesso em: abr. 2005
Nota: (1) concluintes do ano anterior.

Outra modalidade, a EDUCAÇÃO PROFISSIONAL, tem como objetivo formativo *o permanente desenvolvimento de aptidões para a vida produtiva* (Lei 9394/96, Art.39). *Desenvolve-se em articulação com o ensino regular ou por diferentes estratégias de educação continuada, em instituições especializadas ou no ambiente de trabalho* (Lei 9394/96, Art.40). O acesso a essa modalidade está aberto ao aluno matriculado ou egresso do ensino fundamental, médio e superior e ao jovem e adulto trabalhador (Art. 39, Parágrafo único). Todo o conhecimento adquirido nessa modalidade é suscetível de avaliação, reconhecimento e certificação para prosseguimento ou conclusão de estudos (Lei 9394/96, Art. 41).

Como se pode inferir, o terreno complexo da educação profissional exige cautela na sua regulamentação. Ao dispensar, conforme o caso, a escolaridade anterior, está proporcionando uma grande abertura e cumprindo a indicação de vinculação da educação escolar ao mundo do trabalho e às práticas sociais e, o que é mais importante, a sua acreditação. Por outro lado, é importante que não se reduza a oferta escolar a esquemas de adaptação econômica. A educação profissional, pós 1988, ainda se encontra em processo de polêmica revisão.

A EDUCAÇÃO ESPECIAL mereceu, como as demais modalidades comentadas, um capítulo próprio na legislação de 1996. Definida expressamente como modalidade de educação escolar, ela deve ser oferecida em caráter preferencial na rede regular e a partir da educação infantil.

As estatísticas referentes à educação especial revelam um contingente atendido inexpressivo, se considerarmos o coeficiente teórico de portadores de deficiência no país. De acordo com o censo de 2000, realizado pelo IBGE, 24,5 milhões de brasileiros apresentam algum tipo de deficiência física ou mental. Portadores de deficiência visual integram um segmento com 16,6 milhões de pessoas. Em 2004, o Censo Escolar revelou que o atendimento ultrapassava pouco mais de um terço da clientela especial.

Tabela 6 – Matrículas na Educação Especial

Região	*1997*	*2001*	*2002*	*2003*[1]
Norte	20.795	21.064	21.340	21.602
Nordeste	47.465	52.135	56.963	63.534
Centro-Oeste	22.841	25.347	26.215	26.604
Sudeste	132.683	145.015	151.832	161.758
Sul	76.736	79.838	81.731	86.139
Brasil	300.520	323.399	338.081	358.987

Fonte: Inep. Matrículas na educação especial. Disponível em <http://www.inep.gov.br/estatisticas/default.asp> Acesso em: abr. 2005
Nota: (1) dados preliminares.

Sem reduzir a importância das modalidades redesenhadas, com certeza a grande novidade das últimas décadas, no sistema de ensino brasileiro, é A EDUCAÇÃO A DISTÂNCIA. Sob um regime especial, ela pode funcionar em todos os níveis e em outras modalidades de ensino, como também deve servir a programas de educação continuada (Lei 9394/96, Art. 80). Entretanto, ainda que ela deva ser incentivada (Lei 9394/96, Art. 80), só poderá ser oferecida mediante credenciamento das instituições pela União.

A educação a distância já conta com um lastro normativo importante, pois é à União que cabe regulamentar os requisitos para a realização de exames e registro de diploma. Assim mesmo, abriu-se aos sistemas de ensino, largas atribuições no que se refere à fixação de normas para produção, controle e avaliação de programas de educação a distância, além da autorização para sua implementação.

A educação a distância está sacramentada, na legislação e na política educacional atual, como uma estratégia para corrigir o perfil educacional da população brasileira. Assim aparece na

Lei 9394/96, adstrita à proclamação da Década da Educação. No Art. 87, Das Disposições Transitórias da Constituição Federal, o texto preconiza a recorrência da educação a distância para o atendimento dos jovens e adultos insuficientemente escolarizados e para a capacitação de todos os professores em exercício.

As estimativas de demanda da educação a distância são sempre milhardárias. Calcula-se que o número de vagas requerido para o ensino superior, por exemplo, na modalidade a distância, representa três vezes o montante de vagas iniciais oferecidas em todo o sistema.

A atração da educação a distância não se relaciona somente ao aspecto quantitativo da demanda. Dois outros fatores a tornam um campo quase irresistível: primeiramente, o fato de sua concepção estar ainda em processo; em segundo lugar, pela sua estreita vinculação às novas tecnologias. Soluções criativas, alta qualidade das ferramentas e dos desenhos didáticos, renovação de conteúdos, flexibilidade da oferta.

Embora a educação a distância, nos seus novos moldes, esteja longe de sua maioridade, já existem balanços sobre a sua evolução e uma incorporação ao sistema de ensino cada vez mais efetiva.

Até o início da década de 1990, a educação a distância no Brasil enfrentava inúmeras dificuldades, hoje supostamente superadas pelas mudanças sofridas[1]:

- organização de projetos sem preparação das instituições de ensino e dos segmentos atendidos;
- falta de critérios de avaliação de programas;
- inexistência de memória sistematizada dos programas desenvolvidos;
- inexistência de estruturas institucionalizadas para a gerência de projetos e prestação de contas dos objetivos;
- programas pouco vinculados às reais necessidades do país;

- pouca divulgação dos projetos. Inexistência de canais de interferência social dos mesmos;
- organização de projetos somente com a finalidade de testar metodologias.

No presente, medidas em vigor concedem-lhe uma expectativa de maioridade.

- Os projetos são estruturados com foco no perfil dos aprendizes, considerando o repertório sócio-educacional e as condições de acesso tecnológico. Professores autores, professores tutores e técnicos recebem um preparo específico.
- Há critérios para o credenciamento de cursos e parâmetros de avaliação para as comissões verificadoras, instituídas pelo Ministério da Educação.
- A oferta de cursos de graduação e de pós-graduação cria registros acadêmicos formais e gera massa de dados para análise, gerando padrões para estudo.
- No mercado da educação corporativa a distância, as empresas que compram programas exigem das instituições de ensino relatórios regulares. A necessidade de recredenciamento de cursos de graduação e de pós-graduação exige relatórios de acompanhamento.
- Os programas são modelados de forma costumizada, com foco em clientelas determinadas. São feitas análises das necessidades com garantia de êxito.
- A divulgação dos projetos ganha visibilidade pelas ações de *marketing* institucional das instituições, pela presença em eventos e pelas parcerias corporativas.

4.3 As soluções de articulação

Com relação ao conjunto do sistema, a trajetória dos alunos segue um fluxo, em parte obrigatório, em parte permitido. Não há exigências especiais para o ingresso no sistema de ensino (educação infantil e nível fundamental), a não ser a idade, tal como foi mencionada anteriormente, muito embora escolas privadas mais concorridas sirvam-se de mecanismos como os "vestibulinhos" para classificar as crianças aspirantes ao preenchimento das vagas ofertadas. A partir da entrada no sistema, a progressão faz-se por promoção ou, em situações especiais, por classificação.

A transferência dos alunos é permitida de acordo com o plano estrutural de cada instituição. A adaptação do transferido ou a correção do fluxo podem ser solucionadas mediante a avaliação feita pela escola com o objetivo de classificar a sua posição.

Até a década de 1970, os obstáculos para a realização da transferência eram importantes. Havia perda no deslocamento do aluno de uma escola para outra ou de um sistema para outro, ou de uma modalidade para outra. Quase sempre as adaptações eram desvantajosas para o aluno transferido, que precisava retroceder e desperdiçar estudos realizados que não eram abonados ou acreditados. Atualmente, a escola tem autonomia para alocar o aluno transferido e autoridade para valorizar a história pessoal de cada um.

O fluxo do estudante no sistema de ensino é propiciado, também, pelas soluções de articulação que ele oferece. Tradicionalmente, a passagem de um nível inferior para um superior ou de uma modalidade a outra era regulada por exame específico. Já tivemos EXAME DE ADMISSÃO como rito de passagem entre a antiga escola primária e o, também antigo, ginásio. Temos o CONCURSO VESTIBULAR, assim chamado, pois trata-se de exame cujos resultados classificam o candidato à vaga no ensino superior. No que se relaciona à passagem do ensino fundamental para o ensino médio, não se impõe outra exigência que a da conclusão do primeiro.

Gráfico 3 – Taxas Médias de Promoção, Repetência e Abandono do Ensino Fundamental De 1995 A 2001

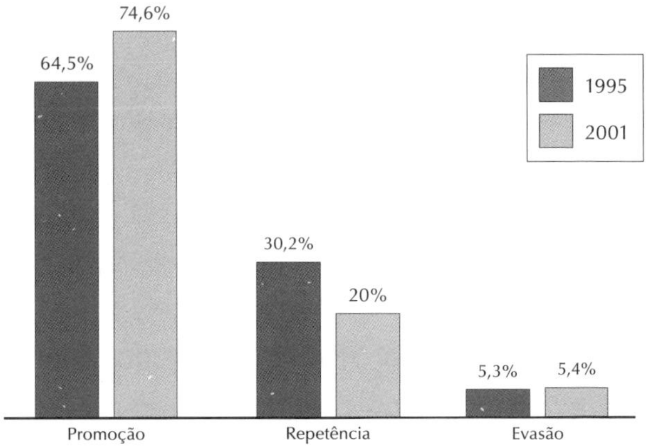

Fonte: Inep. Taxas médias de promoção, repetência e abandono do ensino fundamental de 1995 a 2001. Disponível em <http://www.inep.gov.br/estatisticas/default.asp> Acesso em: abr. 2005

Quando o fluxo das trajetórias encontra barreiras, o sistema toma uma feição seletiva que contraria o discurso democrático contemporâneo. Medidas adotadas recentemente apontam para o, já citado, "arrocho estrutural" (amarração da idade cronológica com a hierarquia vertical da estrutura do ensino). A despeito das críticas que recaem sobre tal medida, é de se reconhecer que há sinais de ruptura pedagógica com o modelo tradicional. Estamos nos referindo ao ensino fundamental e ao mecanismo de "correção de fluxo", implantado no ensino fundamental, nos últimos anos, em grande parte dos sistemas de ensino no Brasil. A eficácia desse mecanismo, todavia, repetimos, vem sendo veementemente contestada.

A educação superior, destinada aos estudantes a partir dos 17 anos, tem por finalidade: ESTIMULAR a criação cultural e o desenvolvimento do espírito científico e do pensamento reflexivo; FORMAR PROFISSIONAIS e colaborar na sua formação contínua; INCENTIVAR A PESQUISA e investigação científica, visando o desenvolvimento da ciência e da tecnologia e da criação e difusão da cultura; PROMOVER A DIVULGAÇÃO de conhecimentos culturais, científicos e técnicos que constituem patrimônio da sociedade e, desse modo, desenvolver o entendimento do homem e do meio em que vive; suscitar o desejo permanente de aperfeiçoamento cultural e profissional e possibilitar a correspondente concretização, integrando os conhecimentos entre as gerações; estimular o conhecimento dos problemas do mundo presente, prestar serviços especializados à comunidade e promover a extensão, visando à difusão das conquistas e dos benefícios resultantes da criação cultural e da pesquisa científica e tecnológica (Art. 43, Lei 9394/96).

Nos últimos dez anos o ensino superior cresceu tanto em número de matrículas quanto de estabelecimentos. O esforço, todavia, vem da iniciativa privada, incentivado pela política governamental. Ou seja, vivemos uma era de privatização explícita.

Gráfico 4 – Matrículas no Ensino Superior em milhões – 1994-2002

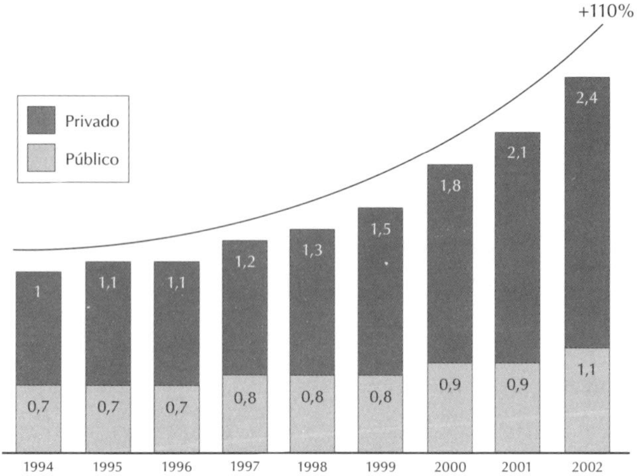

Fonte: Inep. Matrículas no ensino superior. Disponível em <http://www.inep.gov.br/estatisticas/default.asp> Acesso em: abr. 2005

Gráfico 5 – Número de Instituições de Ensino Superior no Brasil 1994-2002

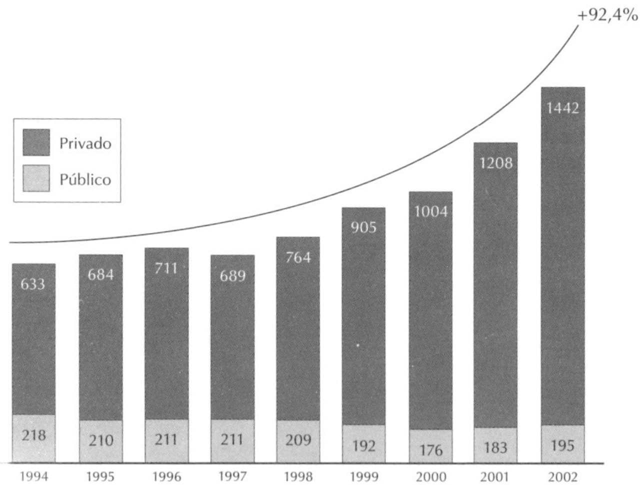

Fonte: Inep. Número de instituições de ensino superior no Brasil. Disponível em <http://www.inep.gov.br/estatisticas/default.asp> Acesso em: abr. 2005

Por ocasião da implantação da Reforma de 1996, as instituições de ensino superior foram configuradas em quatro tipos: UNIVERSIDADES, CENTROS UNIVERSITÁRIOS, FACULDADES INTEGRADAS E INSTITUTOS SUPERIORES OU ESCOLAS SUPERIORES.

As universidades caracterizam-se por oferecer ensino, pesquisa e extensão; têm autonomia didática, administrativa e financeira; podem abrir e fechar cursos e vagas sem autorização. Os centros universitários caracterizam-se por oferecer ensino de excelência; podem atuar em uma ou mais áreas do conhecimento; podem abrir e fechar cursos e vagas de graduação sem autorização. As faculdades integradas estão representadas por conjuntos de instituições em diferentes áreas do conhecimento; oferecem ensino e, às vezes, pesquisa e extensão; dependem de autorização do Conselho Nacional de Educação para criar cursos e vagas. Os institutos superiores ou escolas superiores atuam, em geral, em uma área do conhecimento; podem fazer ensino ou pesquisa e dependem de autorização do Conselho Nacional de Educação para expandir a sua área de atuação.

Caracterização Estrutural Atual das Universidades Brasileiras

- Instituições pluridisciplinares.
- Formação de quadros profissionais de nível superior.
- Produção intelectual institucionalizada mediante o estudo sistemático de temas e problemas mais relevantes, tanto do ponto de vista científico e cultural, quanto regional e nacional.
- 1/3 corpo docente pós-graduado.
- 1/3 corpo docente com regime de trabalho em tempo integral.

- Variados graus de abrangência.
- Autonomia institucional de acordo com o tipo: universidade, centros universitários, faculdades integradas e institutos superiores.
- Submissão a avaliações regulares para reconhecimento de cursos, credenciamento e reconhecimento institucional.

A estrutura da educação superior brasileira, aqui resumida, está sendo objeto de revisão. Versões múltiplas, em todo caso, em suas constâncias, já dão indicação de tendências do sentido de modernização assumido.

Além das controvérsias, algumas alterações propostas parecem representar algum consenso nas discussões até agora encetadas, como a inclusão do ensino a distância; a criação de uma ouvidoria em cada instituição; a expansão do ensino noturno; a integração de fundações à estrutura administrativa universitária; o adensamento, por dotação orçamentária, da assistência estudantil.

Outras condições estruturais estão sendo reformuladas e os critérios de implementação estão sendo quantificados. Por exemplo, com relação aos quadros docentes, metade dos professores das universidades precisarão ter mestrado ou doutorado e, desses, metade deverá ser de doutores. Igualmente, a caracterização de uma instituição como centro universitário implicará na oferta de, pelo menos, oito cursos em diferentes áreas. Hoje, exige-se seis cursos em, pelo menos, duas áreas. Simultaneamente, tramita um projeto de lei que define o sistema de cotas para as matrículas no ensino superior, classificando raças e quantificando sua correspondência em vagas nos cursos.

Bastante polêmica é a instalação de conselhos sociais de desenvolvimento, integrado por representantes da comunidade, com o fito de acompanhar as atividades acadêmicas. Muitas das medidas suscitadas aparentam comprometer a autonomia da instituição de ensino superior, sujeita a punições, entre elas, a mais enfática: o seu descredenciamento.

Os cursos que compõem a atual estrutura da educação superior (Lei 9394/96, Artigo 44) são:

- Natureza pública ou privada.
- OS CURSOS SEQÜENCIAIS POR CAMPO *de saber, de diferentes níveis de abrangência, abertos a candidatos que atendam aos requisitos estabelecidos pelas instituições de ensino;*
- OS CURSOS DE GRADUAÇÃO, *abertos a candidatos que tenham concluído o ensino médio ou equivalente e tenham sido classificados em processo seletivo; a legislação permite retornos com aproveitamento;*
- OS CURSOS DE PÓS-GRADUAÇÃO, *compreendendo programas de mestrado e doutorado, cursos de especialização, aperfeiçoamento e outros, abertos a candidatos diplomados em cursos de graduação e que atendam às exigências das instituições de ensino;*
- OS CURSOS DE EXTENSÃO, *abertos a candidatos que atendam aos requisitos estabelecidos em cada caso pelas instituições de ensino.*

Gráfico 6 – Número de Cursos de Pós-Graduação no Brasil

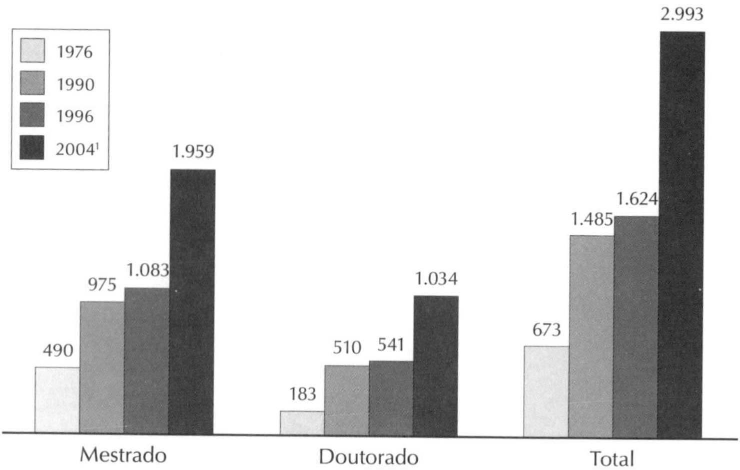

Fonte: Capes. Número de cursos de pós-graduação no Brasil. Disponível em: <http://www.capes.gov.br/capes/portal/conteudo/10/EstatisticasPG.htm> Acesso em: abr. 2005

Nota: (1) Até 21 de maio de 2004

Gráfico 7 – Número de Alunos Titulados

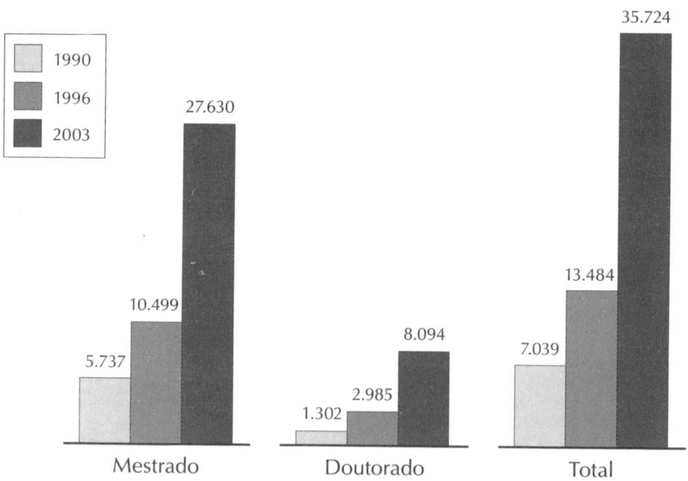

Fonte: Capes. Número de alunos titulados. Disponível em: <http://www.capes.gov.br/capes/portal/conteudo/10/EstatisticasPG.htm> Acesso em: abr. 2005

Plano Prevê Dobrar Números de Doutores no País

Considerado pelo governo federal "eixo estratégico de desenvolvimento científico e tecnológico", o sistema de pós-graduação brasileiro deverá dobrar o número de doutores formados até 2010.

Isso possibilitaria passar dos atuais 8.000 doutores titulados ao ano para 16 mil em 2010. Atualmente, enquanto a Coréia do Sul já atingiu a marca de 13,6 doutores por 100 mil habitantes, ultrapassando o Japão, o índice do Brasil fica em 4,6 por 100 mil. Considerada destaque nesse assunto, a Alemanha já chegou ao patamar de 30 doutores a cada 100 mil moradores (veja quadro).

O Plano Nacional de Pós-Graduação tem uma profunda relação não só com a política industrial prevista pelo governo, pois também está ligado à política internacional e relacionado com as expectativas de reconhecimento do ensino básico.

Recomenda, ainda, um aumento de 20% na proporção de bolsas por aluno titulado para as áreas de ciências, engenharias e computação. Para isso, prevê parceria com a iniciativa privada e com outras universidades.

Fonte: Plano prevê dobrar números de doutores no país. **Folha de São Paulo**, 06 jan. 2005. (Adaptado)

Quanto ao processo seletivo para o acesso ao ensino superior, o sistema serviu-se, até o momento, dos conhecidos exames vestibulares. Recentemente, novas propostas estão sendo colocadas em prática: ao invés do exame vestibular, as instituições classificam os candidatos de acordo com o histórico escolar do ensino médio. Também as vagas estão sofrendo revisão de critérios. Em muitas instituições públicas, especialmente as pertencentes ao sistema federal, foi estabelecido o sistema de cotas distribuídas em categorias de candidatos. São feitas reservas de vagas para negros, índios e egressos das escolas médias públicas. As instituições têm liberdade para definir seus percentuais de cotas. No âmbito da pós-graduação, cada curso tem o seu referencial seletivo próprio.

Cota nas Universidades

As exigências de cada universidade para o candidato concorrer à vaga na cota de afrodescendente, variam:

- Universidade Federal do Paraná – UFPR: declaração manuscrita, com foto anexada à ficha de inscrição do vestibular. Só uma suspeita pode gerar investigação posterior de falsidade ideológica;
- Universidade Estadual de Mato Grosso do Sul – UEMS: uso de fotos coloridas de estudantes para identificar negros;
- Universidade Estadual da Bahia – UNEB: autodeclaração de afrodescendente e passado escolar em escola pública;
- Universidade do Estado do Rio de Janeiro – UERJ e Universidade Estadual do Norte Fluminense – UENF: autodeclaração de afrodescendente;
- Universidade de Brasília – UnB: autodeclaração (negro ou pardo e indígena) e, foto feita no ato da inscrição para confronto pela instiuição;
- Universidade Federal de São Paulo – Unifesp: autodeclaração de afrodescendente ou descendente indígena e passado escolar com ensino médio feito

integralmente em escola pública. Se o candidato não for negro, terá de apresentar documentação comprovando ter parentes ou antepassados negros.

Finalmente, dois atributos principais da estrutura do ensino precisam ser lembrados: a continuidade e a terminalidade. Com relação à CONTINUIDADE, explicitada na reforma educacional de 1971 (Lei 5692), entendeu-se que os níveis de ensino se completam. O nível anterior tem sempre um componente que embasa o nível posterior. Esse "fio da meada" seria proporcionado pelos conteúdos de educação geral, de modo que o estudante avança no sistema à medida que cresce culturalmente e vice-versa. A TERMINALIDADE, por seu turno, é aquele atributo estrutural que libera o escolarizado para a certificação e/ou para o mundo do trabalho. Ela revela o direcionamento do sistema em sua relação com a política econômica.

Na legislação atual, existe a figura da TERMINALIDADE ESPECÍFICA, (dentro da modalidade da educação especial) para aqueles que não puderem atingir o nível exigido para a conclusão do ensino fundamental, em virtude de suas deficiências, e aceleração para concluir em menor tempo o programa escolar para os superdotados (Lei 9394/96, Art. 59, Inciso II).

De um modo geral, essas categorias – CONTINUIDADE e TERMINALIDADE, introduzidas pela Reforma de 1971, foram destratadas pela última reforma. Carreiras curtas combinadas à pulverização de cursos, currículos formulados sobre perfis de competências que resumem as metas de toda a aprendizagem, sinalizam, especialmente no ensino superior, a adoção de modelo pedagógico comportamentalista e utilitarista, concebido à sombra de uma racionalidade de mercado.

Quadro 3 – Estrutura do Sistema de Ensino Brasileiro (Lei 9394/96)

IDADE	*NÍVEIS (ESTRUTURA VERTICAL)*	*OUTRAS MODALIDADES (ESTRUTURA HORIZONTAL)*	*ANOS ESCOLARES*
1-3	Creches	Educação especial	
4-6	Pré-escola	Educação especial	
7-14	Ensino fundamental (obrigatoriedade e gratuidade escolar)	Educação de jovens e adultos, educação profissional, educação especial	1-8
15-17	Ensino médio	Educação a distância, educação de jovens e adultos, educação especial, cursos especiais abertos	9-11
18-22	Graduação	Educação a distância, educação profissional, cursos seqüenciais, pós-médio	12-16
23-29	Pós-graduação *stricto sensu* (mestrado e doutorado) e *lato sensu* (aperfeiçoamento, especialização)	Educação a distância	17-23

Uma visão sistêmica da educação

*Fernando Haddad**

Nas últimas décadas, desenvolveu-se visão fragmentada da educação como se níveis, etapas e modalidades

* Fernando Haddad, 42, brasileiro, advogado, professor licenciado de Ciência Política pela Universidade de São Paulo, autor de várias obras e artigos, como "Trabalho e Linguagem" na revista Lua Nova (n. 48, 1999), é ministro da educação do governo de Luís Inácio Lula da Silva.

da educação não fossem momentos de um processo, cada qual com objetivo particular, mas dentro de uma unidade geral. Criaram-se falsas oposições. A mais indesejável foi a oposição entre educação básica e superior. Diante da falta de recursos, caberia ao gestor público optar pela primeira. Sem que a União aumentasse o investimento na educação básica, o argumento serviu de pretexto para asfixiar o sistema federal de educação superior, cujo custeio foi reduzido em 50% em dez anos, e inviabilizar a expansão da rede. O resultado para a educação básica: falta de professores com licenciatura para exercer o magistério e alunos do ensino médio desmotivados pela insuficiência de oferta de ensino gratuito nas universidades públicas.

A segunda oposição não foi menos danosa e se estabeleceu no nível da educação básica, formada pela educação infantil, ensino fundamental e médio. A atenção exclusiva ao ensino fundamental resultou em certo descaso com as outras duas etapas e prejudicou o que se pretendia proteger. Sem que se tenha ampliado a já alta taxa de atendimento do ensino fundamental (93% em 1994), verificou-se uma queda no desempenho médio dos alunos dessa etapa. Sendo a educação infantil e o ensino médio, respectivamente, o esteio e o horizonte do ensino fundamental, sem eles este não avança. Esse aspecto remete à terceira oposição, agora entre ensino médio e educação profissional. Foi vedada por decreto a oferta de ensino médio articulado à educação profissional e proibida por lei a expansão do sistema federal de educação profissional. A educação profissional integrada ao ensino médio é a que apresenta melhores resultados pedagógicos ao promover o reforço mútuo dos conteúdos curriculares. Aquelas medidas desarticularam importantes experiências de integração. Num país em que apenas 35% dos jovens entre 15 e 17 anos se encontram matriculados no ensino médio, foi um erro desprezar o apelo da educação profissional para mantê-los na escola. Por fim, uma quarta oposição. As ações de alfabetização da União nunca estiveram sob a alçada do MEC e jamais foram articuladas com a Educação de Jovens e Adultos (EJA). Atacava-se o analfabetismo, não o analfabetismo funcional. Promoviam-se campanhas com ONGs, e não programas estruturados de educação continuada em parceria com os sistemas municipais e estaduais. Além disso, perdia-se de vista a elevada dívida educacional com grupos sociais historicamente fragilizados.

Nos últimos 20 meses, todo esforço empreendido pelo MEC, em parceria com Andifes, Consed, Undime, UNE, Ubes, movimentos sociais etc. foi no sentido de superar essas oposições, guiado agora por uma visão sistêmica. E suas ações foram reorientadas em torno de quatro reformas: educação superior, básica, profissional e continuada. A reforma da educação superior recuperou 80% das verbas de custeio das federais e restabeleceu sua capacidade de investimento (com a criação ou futura consolidação de 36 pólos universitários públicos). Com atraso de 16 anos, foram reguladas as isenções fiscais constitucionais concedidas às instituições privadas, permitindo a concessão de 112 mil bolsas de estudos no âmbito do Prouni e a ampliação do Fies. Pretende-se ainda garantir a autonomia das federais, num sistema dinâmico que premia o mérito institucional, e regular o setor privado que, sem marco legal estável, viveu expansão caótica. A reforma da educação básica passa pela aprovação do Fundeb, pela adoção do ensino fundamental de nove anos, pela formação inicial e continuada de professores, pela Escola de Gestores, pelo apoio aos conselhos e dirigentes municipais de educação e pela conexão entre o censo por aluno aliado à avaliação universal de desempenho (Projeto Presença).

A reforma da educação profissional é mais que uma contra-reforma. Não bastaria apenas reverter as medidas tomadas. Era preciso dar conseqüência ao disposto na LDB. Levou-se educação profissional ao ambiente de trabalho (558 escolas de fábrica) e se ampliou o acesso de jovens e adultos à educação profissional. O Proeja orienta o sistema federal a oferecer educação profissional integrada ao ensino médio na modalidade EJA, e o Projovem orienta os sistemas municipais nessa mesma direção quanto às séries finais do ensino fundamental. A reforma da educação continuada completa a visão sistêmica. Com a criação da Secretaria de Educação Continuada, Alfabetização e Diversidade, foi possível articular a integração do programa de alfabetização com a EJA das séries iniciais do ensino fundamental, permitindo ao alfabetizando alcançar o mínimo de quatro anos de escolaridade.

Fonte: HADDAD, Fernando. Uma visão sistemica da educação. **Folha de São Paulo**, 25 de setembro de 2005.

Cinco

A configuração administrativa do sistema de ensino

Palavras-chave

Sistema federal de ensino; sistema estadual de ensino; sistema municipal de ensino; descentralização administrativa; privatização do ensino.

Problemática

A administração da educação de qualquer país é complexa, sobretudo, quando se considera o seu componente jurídico, a estrutura legal e todo tipo de tensão entre esferas administrativas, educadores e a própria sociedade. Nesse sentido a dimensão pública da educação, a articulação dos âmbitos de competência num sistema federativo e as desigualdades regionais têm reforçado o desafio para a administração educacional brasileira.

A "rearrumação" promovida pela reforma educacional de 1996 e a abundância legislativa que a tem acompanhado não nos liberaram de contradições importantes nem superaram alguns dos nossos impasses históricos. Ao contrário, vivemos atolados num emaranhado de exigências hierárquicas, subordinados a gestões descontínuas. Na vitrine do sistema de ensino, a presença da propaganda enganosa: nosso sistema é descentralizado!

5.1 Esferas administrativas

A educação brasileira, pela sua dimensão pública, está submetida às esferas administrativas, a saber: União (federal), estados, Distrito Federal e municípios. As relações entre essas esferas estão hierarquizadas e, algumas vezes, superpostas, embora, no discurso político, o modelo brasileiro apresente-se como descentralizado. Em todo caso, há uma delegação de poderes e um regime colaborativo expresso que reduzem a subordinação entre as esferas administrativas. Além disso, os sistemas de ensino têm liberdade de organização, desde que obedeçam as orientações legais superiores.

5.2 As competências, segundo as esferas administrativas

A legislação educacional brasileira reparte competências, define o âmbito dos sistemas de ensino e, principalmente, disciplina e lidera o regime de colaboração que deve sustentar o seu desenvolvimento.

Grandes e extensas tarefas cabem à União: coordenar a política nacional de educação, de modo que todos os diferentes níveis e sistemas se articulem, e elaborar normas para o sistema como um todo são algumas delas. Para isso, a administração federal precisa coletar, analisar e disseminar informações sobre a educação, inclusive para elaborar o Plano Nacional de Educação e avaliar o ensino em todos os seus níveis.

Além de prestar assistência técnica e financeira, a União atua em caráter supletivo sempre que as instâncias inferiores apresentam limitações para exercer as suas atribuições. Nesse caso, a União deve dar preferência ao atendimento da faixa da escolaridade obrigatória. Assim, cumpre-se a principal garantia que o poder público deve dispensar ao âmbito dos sistemas de ensino.

A União tem, também, responsabilidade sobre o ensino superior em todo o território nacional. Além de baixar normas, é ela que autoriza, reconhece, credencia, supervisiona e avalia os cursos e as instituições nesse nível de ensino.

Em cada esfera administrativa existem diferentes órgãos que orientam, assistem, formulam políticas e executam atividades específicas para o sistema de ensino. Na esfera federal, o Ministério da Educação e o Conselho Nacional de Educação integram a cúpula administrativa.

O Conselho Nacional de Educação, em sua configuração atual*, obedece aos termos da Lei 9.131, de 24 de novembro de 1995, e suas atribuições incluem: a elaboração e acompanhamento do Plano Nacional de Educação; o assessoramento ao MEC na avaliação e melhoria do sistema nacional de ensino; a emissão de pareceres sobre leis gerais e outros assuntos relacionados à educação e a integração dos diferentes níveis de ensino e as ações estaduais e municipais. Seus conselheiros têm mandato de quatro anos, prorrogáveis por mais quatro. Metade dos

* O antigo Conselho Federal de Educação, criado em 1961, foi extinto em 1994. Em 1995, por medida provisória, depois aprovada pelo Congresso, foi criado o Conselho Nacional de Educação. Seus membros foram nomeados em 1996 e aprovado o seu regimento interno, após o que passou a funcionar.

24 conselheiros, que integram esse colegiado, são substituídos a cada dois anos. Nomeados pelo presidente da república, 50% deles são escolhidos diretamente pelo governo e, os outros, são indicados por entidades da sociedade, de modo que possam ser representados os diversos setores do ensino. Os representantes (no conselho) do Ministério da Educação, em número de dois, não podem ocupar a presidência do mesmo.

O Conselho Nacional de Educação se reúne ordinariamente a cada dois meses para decidir sobre matérias analisadas por suas duas câmaras: de Educação Básica e de Educação Superior. Essas se reúnem ordinariamente a cada mês para deliberações específicas. A Câmara de Educação Básica delibera sobre assuntos da educação infantil, ensino fundamental e ensino médio e sobre o currículo nacional da área. A Câmara de Educação Superior delibera sobre credenciamento de cursos e instituições, além de emitir pareceres sobre legislação da área.

Os estados definem, com os municípios, as formas de colaboração e distribuição de responsabilidades de acordo com os recursos disponíveis. Elaboram e executam, também, políticas e planos educacionais, dentro das definições nacionais. Quando os estados mantém instituições de ensino, inclusive de nível superior, cabe a eles mesmos autorizar, reconhecer, credenciar, supervisionar e avaliar a sua rede, além de baixar normas complementares para o seu funcionamento. Os estados têm, ainda, o compromisso de garantir o ensino fundamental. Se algum município não der conta de sua oferta, o estado deve assumir essa responsabilidade na medida necessária. Mas, a sua atribuição docente prioritária é o ensino médio. Esse ensino que, na história da nossa educação, foi relegado pelo poder público, consolidando-se em mãos da iniciativa particular.

Os principais órgãos que respaldam a administração estadual do ensino são as Secretarias de Educação e os Conselhos Estaduais de Educação, instituídos, estes últimos com a reforma de 1961. Temos, pois, pouco mais de quarenta anos de autonomia normativa relativa. Mas, é caso de perguntar: até onde os conselhos têm servido, realmente, à emancipação dos sistemas de ensino regionais?

No que concerne a cada município, a cadeia de atribuições o faz responsável pela organização, manutenção e desenvolvimento de sua rede, inclusive, podendo, esse, baixar normas complementares que interessem à sua realidade, além de autorizar, credenciar e supervisionar os seus estabelecimentos de ensino. Para isso, ele mantém, em sua estrutura, à imagem e semelhança das outras esferas, uma Secretaria Municipal de Educação.

O município poderia, inclusive, ter o seu Conselho Municipal de Educação. No entanto, fatores diversos limitam essa iniciativa, desde a falta de vontade política até a escassez de recursos e de massa crítica local. Os conselhos exigem uma competência especializada e não só uma representatividade institucional, social e, o que é pior, eleitoreira-partidária. Afinal, a sua função tem um caráter normativo que transcende a dimensão burocrática.

Muitos municípios brasileiros têm uma história consistente, tradição mesmo, na área educacional. Contaram, para isso, com recursos importantes. Mas esse não é o caso da maior parte das nossas unidades territoriais. Muitas iniciativas municipais extrapolaram as suas possibilidades. Existem municípios que criaram instituição de ensino superior, mesmo "devendo" o ensino fundamental à população.

Com recursos limitados, as prioridades municipais devem se centrar sobre a educação inicial. Com essa argumentação, a legislação determina a responsabilidade aos municípios de oferecer a educação infantil em suas creches e pré-escolas e, com prioridade, o ensino fundamental. Só quando os municípios tiverem cumprido tal prioridade, e tendo aplicado o percentual mínimo em educação previsto na Constituição Federal com a manutenção e o desenvolvimento daqueles níveis, é que poderão atuar em outras frentes.

Há uma outra possibilidade de organização dos sistemas de ensino. É permitido, aos municípios que tiverem interesse, integrar-se ao sistema estadual de ensino ou compor com ele um sistema único de educação básica.

As instituições de ensino podem ser PÚBLICAS ou PRIVADAS. As públicas são mantidas pelo poder público. As instituições privadas são mantidas e administradas por pessoas físicas ou jurídicas de direito privado. As instituições privadas enquadram-se, conforme o caso, em quatro categorias: PARTICULARES, no sentido estrito, COMUNITÁRIAS, CONFESSIONAIS e FILANTRÓPICAS (Lei 9394/96, Art. 20).

Gráfico 8 – Número de Instituições de Ensino Filantrópicas por Estado

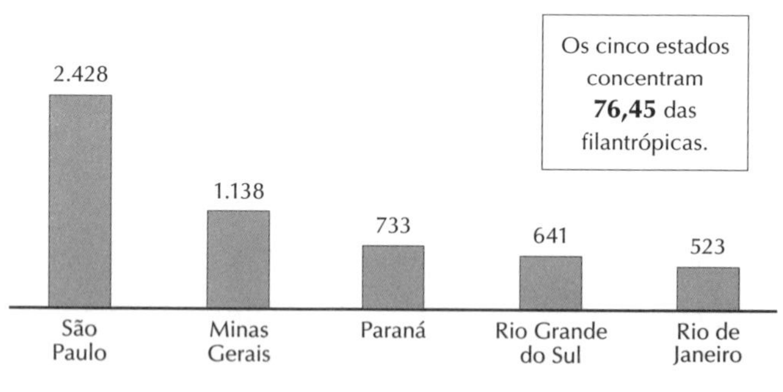

Gráfico 9 – Número de Instituições de Ensino Filantrópicas por Área

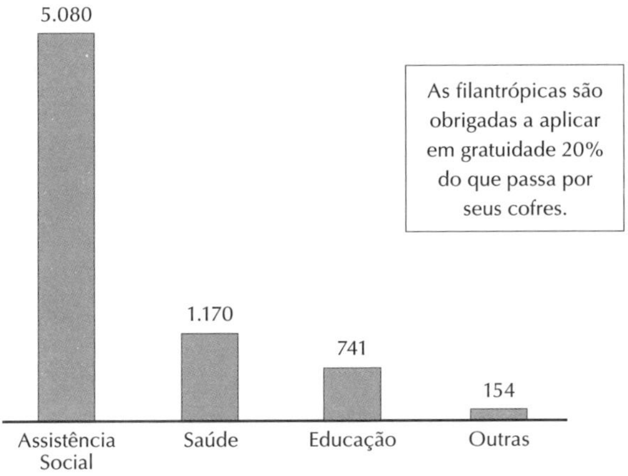

Quadro 4 – Órgãos Pertencentes a Administração do Sistema de Ensino

Tipos	*Ilustração*
Administrativos	Ministério da Educação Secretarias de Educação Delegacias de Ensino Outros
Normativos	Conselho Nacional de Educação Conselhos Estaduais e Municipais de Educação
Representativos	Associações de Professores Associações de Pais Grêmios Estudantis Outros
De assessoria técnica	Instituto Nacional de Estudos e Pesquisas Educacionais Outros
Docentes	Escolas propriamente ditas
Suplementares	Bibliotecas Museus Outros

5.3 A responsabilidade dos estabelecimentos de ensino

A legislação atual definiu atribuições para os estabelecimentos de ensino e, também, para os professores.

Aos estabelecimentos de ensino, respeitadas as normas superiores, nacionais e dos respectivos sistemas de ensino aos quais pertencem, cabe elaborar e executar a sua proposta pedagógica, administrar o seu pessoal e os seus recursos materiais e financeiros, assegurar o cumprimento do tempo escolar estabelecido e velar pelo cumprimento do plano de trabalho de cada docente. O estabelecimento de ensino deve, ainda, dispensar um cuidado especial em relação às famílias e à comunidade, informando-as sobre a freqüência e o aproveitamento dos alunos além de prestar contas de seu trabalho. Mais do que isso, o estabelecimento de ensino deve fomentar a integração da sociedade com a escola. Com certeza, essa pretensão sugere o exercício de uma nova liderança escolar.

5.4 A responsabilidade do professor na gestão escolar

Finalmente, a última legislação amplia, explicitamente, as responsabilidades docentes. Frente à nova exigência da proposta pedagógica do estabelecimento, o professor deverá dar a sua contribuição, participando de sua elaboração e formulando o seu plano de trabalho dentro dessa orientação. A legislação aumenta a responsabilidade docente sobre o rendimento dos alunos, assim, devendo estar aquele comprometido com a recuperação dos que apresentem dificuldades. Além de suas atividades estritamente pedagógicas, os professores deverão participar da gestão escolar, partilhando das decisões que integram o planejamento e a avaliação do trabalho da escola. Igualmente devem buscar situações para o seu desenvolvimento profissional.

5.5 A tipologia dos sistemas de ensino

Quantos sistemas de ensino temos em nosso país? Em categoria, quatro: sistema de ensino federal, sistema de ensino estadual, sistema de ensino do Distrito Federal e sistema de ensino municipal. Em realidade concreta, milhares, pois cada unidade administrativa pode ter o seu. Porém, se atribuirmos a noção de sistema ao poder de decidir com autonomia, estamos nos encaminhando para um sistema único, modelo SUS, padronizado, hierarquicamente articulado. Enquanto isso, aperfeiçoamos nossos conflitos.

O perfil da composição dos sistemas escolares, no Brasil, nos oferece elementos para sérios questionamentos.

Integram o Sistema Federal de Ensino:

- órgãos federais de educação (MEC, CNE, Inep e outros);
- instituições de ensino mantidas pela União (Universidades Federais, Centros de Educação Tecnológica, Colégio D. Pedro I);
- instituições de educação superior criadas e mantidas pela iniciativa privada.

Integram o Sistema Estadual de Ensino:

- órgãos estaduais de educação (Secretaria de Educação, Conselho Estadual de Educação e outros);
- instituições de ensino mantidas pelo poder público estadual;
- instituições de educação superior mantidas pelo poder

público municipal.

Integram o Sistema Municipal de Ensino:

- órgãos municipais de educação (Secretaria Municipal de Educação e outros);
- instituições de ensino fundamental, média e de educação infantil mantidas pelo poder público municipal;
- instituições de educação infantil criadas e mantidas pela iniciativa privada no município.

Integram o Sistema de Ensino do Distrito Federal:

- órgãos educacionais do Distrito Federal (Secretaria de Educação e outros);
- instituições de ensino mantidas pelo Distrito Federal;
- instituições de educação infantil criadas e mantidas pela iniciativa privada no Distrito Federal.

A configuração acima descrita dá margem à interpelação que consideramos de inclusão oportuna neste trabalho. O modelo administrativo do sistema de ensino, pretensamente descentralizado, complica-se pela justaposição de âmbitos de atribuição e pela dispersão de uma dada oferta de formação por várias redes concorrentes. No caso do ensino superior, é bastante nítida a dispersão da oferta pelas redes estadual, federal, privada e, até, ainda que em pequeníssima escala, municipal. A inexistência de um órgão articulador dificulta a formulação de políticas regionais. O sistema se expande dentro de um "espontaneísmo" ou "voluntarismo" institucional individual que, embora inflacione a oferta de certas carreiras, por um lado, por outro, deixa de atender carências específicas.

Imaginemos um estabelecimento de ensino privado que ofereça educação infantil, ensino fundamental, ensino médio e ensino superior e perguntemo-nos: *como essa escola sobrevive sob o comando, por certo difuso, dos três sistemas de ensino – federal, estadual e municipal?*

Essa é uma realidade que vem se firmando na paisagem escolar brasileira. Tomemos o célebre refrão anunciado pelas escolas: "Entre no Jardim de Infância e garanta a sua vaga na Universidade". Agora, tentemos responder: *haveria uma alternativa, ou mais de uma, para compatibilizar as instâncias administrativas de modo a des-neurotizar a escola?*

5.6 Administração periférica

Esferas e competências administrativas cruzam-se no modelo brasileiro, confundindo-se. Os problemas daí decorrentes desdobram-se. A autonomia dos sistemas de ensino e das instituições escolares sofre a ingerência dos órgãos administrativos e legislações superiores. As exigências legais não se cumprem, em forma plena, por falta absoluta de condições operacionais. No âmbito mais remoto, na ponta do sistema, a rotina docente está amarrada por efeito de uma burocracia inoperante. Além do fato de que para o cumprimento de suas funções, o professor necessita mais tempo e que seja remunerado.

Analisando a configuração administrativa do ensino, no Brasil, poderíamos questionar até onde ela favorece uma integração política necessária. E, aquela abundância legislativa, já mencionada, que favor presta à autonomia do sistema? Com certeza, estamos, há tempos, vivendo um processo de centralização das decisões. Os sistemas de ensino funcionam como objetos periféricos animados por um sistema de avaliação central. O cotidiano da escola perde a alegria de criar, verdadeiramente, o seu projeto pedagógico, hoje, definitivamente "enformado". As reivindicações locais nem sempre chegam à mesa dos decididores e as escolas vivem um processo de marginalização decisória.

O desafio contemporâneo da administração dos sistemas de ensino é permitir que se constitua uma base real do sistema. Instituições autônomas que se articulam em função de projetos e necessidades comuns podem gerar novas configurações de sistemas. Para aprofundar essa idéia, resumimos o texto "Sistema ou instituição" de Juan Carlos Tedesco, que é o sétimo capítulo de seu livro *O novo pacto educativo: educação, competitividade e cidadania na sociedade moderna.*

Sistema ou instituição.

Juan Carlos Tedesco

Segundo Tedesco, as diretrizes centrais dos modelos tradicionais de organização e gestão das atividades educativas não atendem às tendências de personalização dos serviços escolares. Nesse sentido, apenas a autonomia da escola permitiria adaptar os componentes básicos do trabalho pedagógico às características de sua clientela.

A defesa da autonomia das escolas estaria respaldada em duas fontes teóricas: da aprendizagem e das organizações. No que concerne à teoria da aprendizagem, o autor menciona o construtivismo, que permite um processo de aprendizagem fundado na experiência acumulada de alunos e educadores. Com relação à teoria das organizações, o autor faz referência à orientação contemporânea das redes planas de instituições menores como contraponto às grandes organizações burocráticas. O mesmo acredita que os problemas derivados da gestão de sistemas centralizados – ineficiência, pouca responsabilidade pelos resultados, isolamento e corporativismo, rigidez e imobilismo diante de mudanças externas – podem ser superados por uma reorganização institucional que preze a identidade e autonomia das instituições.

Isso pressupõe, conclui, no essencial, passar de uma lógica calcada em normas de funcionamento de um sistema para uma lógica baseada nas normas de funcionamento de uma instituição. Isso não quer dizer, observa, ainda, que se trata de abandonar a idéia de sistema. Pelo contrário, aspira-se o fortalecimento da coesão e da integração, essência, mesmo, do aparecimento dos sistemas.

E acrescenta: servem de ilustração inúmeros sistemas educacionais cujo funcionamento administrativo nega a existência de instituições, promovendo a uniformidade burocrática, o imobilismo e a própria ausência de responsabilidade pelos resultados do trabalho pedagógico. A coesão, nos sistemas burocratizados, é puramente formal e suas conseqüências são administrativas e educacionais sempre em desfavor de uma política democrática.

Tedesco apela a Edgar Morin para firmar a sua argumentação, lembrando que este advertia que a falta de responsabilidade pelos resultados das ações, assim como a falta de solidariedade que a dinâmica dos grandes aparatos burocráticos gera, conduzem à degradação moral, de vez que não há sentido moral na ausência do sentimento de responsabilidade e de solidariedade. Entretanto, é bom lembrar que o modelo inverso, baseado num conjunto desarticulado de instituições deixadas à sua própria e exclusiva lógica de funcionamento, igualmente conduz à atomização, ao reforço da segmentação e à fragmentação social pela via da fragmentação educacional.

Fonte: TEDESCO, Juan Carlos. Sistema ou instituição. In:_____. **O novo pacto educativo**: educação, competitividade e cidadania na sociedade moderna. São Paulo: Atica, 1998.

Seis

A autonomia da escola e a organização pedagógica

Palavras-chave

Autonomia escolar; organização pedagógica; tempo escolar; espaço escolar; diretrizes curriculares; parâmetros curriculares; projeto pedagógico.

Problemática

Existe autonomia escolar quando a instituição tem poder de decisão sobre a organização das suas condições de trabalho, tem autoridade para experimentar, tem poder de aperfeiçoamento sobre o seu trabalho, atende às aspirações de sua comunidade, constrói uma filosofia de trabalho na escola. No entanto, mais além desta ou de qualquer outra definição de autonomia, há que se considerar que, em se tratando de sistema, existe um quadro restritivo que constrange o ideal autonômico. A autonomia, mesmo quando ela der sinais de existência, será sempre relativa. Todavia, mesmo emergindo de uma condição de autonomia relativa, a escola pode se realizar com singularidade.

Uma escola alcança a sua diferença quando explora a margem de liberdade que o sistema lhe concede.

Quanto de liberdade a legislação em vigor concede às instituições de educação básica para que possam realizar a sua função pedagógica? Até onde os sistemas de avaliação externa desencaminham as propostas pedagógicas no plano de cada estabelecimento escolar?

Há pouco mais de quatro décadas, a legislação educacional concedeu às escolas o privilégio de elaborar o seu regimento interno (LDB 4024/61). O grande avanço não frutificou, uma vez que as instituições escolares adotaram minutas padronizadas ou venderam-se a escritórios e assessorias que comercializaram o que poderia ter sido a "carta magna da escola". Com essa atitude, que foi generalizada, as escolas apenas "cumpriram o dever burocrático" de apresentar um documento. Na mesma dinâmica, competia aos conselhos apreciarem os regimentos. Tantas escolas! Tantos regimentos! Não houve como escapar de um grande congestionamento na rotina daqueles colegiados. Foi quando as secretarias de educação, enquanto intermediadoras do encaminhamento, formularam "atalhos" para a economia do processo, disseminando esquemas e interpelando seu julgamento. Mais uma ingerência, sem dúvida, que ainda dura.

O que foi, então, uma promessa de liberdade para as escolas, as quais, a partir da Lei 4024/61, deveriam arbitrar sua posição em relação a uma variedade de cursos, à flexibilidade curricular e à articulação entre os diversos graus e ramos de ensino, tornou-se matéria inerte. Nem a possibilidade de adoção de métodos de ensino e formas de atividades escolares de acordo com as peculiaridades regionais e as necessidades de grupos sociais, nem a exigência de um regimento próprio que regulamentasse a sua organização, a constituição de seus cursos e o seu regimento administrativo, disciplinar e didático, nem o estímulo ao desenvolvimento de experiências pedagógicas a fim de aperfeiçoar os processos educativos na escola lograram que a escola se movesse, progredisse.

6.1 Antecedentes

A última reforma escolar (Lei 9394/96) reprisou aspectos sobre os quais as instituições escolares podem fazer opções operacionais. Entretanto, contrariando o discurso ministerial e de seus adeptos, muitos educadores têm demonstrado o viés centralizador das orientações curriculares em vigor.

Há princípios educacionais assumidos formalmente que implicam em liberdade para o sistema e que foram feridos, segundo suas óticas[1]. Se entendermos, realmente, o que possa significar "liberdade de aprender e ensinar" e "pluralismo de idéias e de concepções pedagógicas", princípios presentes e repetidos na Constituição Federal (Art. 206) e na Lei 9394/96 (Art.3º), poderemos questionar a conduta de normatização que vem sendo efetivada nas últimas décadas. Há campo para divergências.

Em termos operacionais, a lei permite que as escolas elaborem a sua proposta pedagógica, definam calendário, complementem o currículo, organizem os agrupamentos discentes, definam ciclos e terminalidade específica, verifiquem a aprendizagem, classifiquem alunos, regulamentem estágios, definam o seu progresso.

Portanto, tempo e espaço escolar, na forma da lei, podem ser parcialmente projetados pela escola, tanto quanto o conteúdo e as atividades que os preenchem e consolidam a vivência pedagógica.

Em se tratando da questão da organização pedagógica, isto é, da organização do tempo e do espaço escolar para uma formação determinada, a definição curricular constitui o eixo gerador das demais acomodações. Esse aspecto tem se mostrado, também, o menos autônomo ou, se quisermos, autônomo apenas na aparência, na teoria e nos discursos.

A polêmica que existe em face das normas complementares e outras regulações com que o Ministério da Educação, conselhos e secretarias de educação "brindam" o cotidiano escolar, em especial, o conteúdo, a estrutura e os processos de ensino e aprendizagem (ou seja, o currículo) está aberta. Uma merecida reflexão criará pretexto e oportunidade para REENCATAR A EDUCAÇÃO, como disse Hugo Assmann (1996).

6.2 Instâncias de determinação curricular

Na perspectiva do presente estudo, compete-nos "localizar" as normas que orientam a prática pedagógica no espaço organizado, a escola. Pois bem, além dos princípios que inspiram a dinâmica do sistema, já mencionados, é na Constituição Federal, em seu artigo 210, que encontramos a primeira indicação específica:

Serão fixados conteúdos mínimos para o ensino fundamental, de maneira a assegurar formação básica comum e respeito aos valores culturais e artísticos, nacionais e regionais.

§ 1º. O ensino religioso, de matrícula facultativa, constituirá disciplina dos horários normais das escolas públicas de ensino f,undamental.

§2º. O ensino fundamental regular será ministrado em língua portuguesa, assegurada às comunidades indígenas também a utilização de suas línguas maternas e processos próprios de aprendizagem.

Na seqüência legal, a determinação da matéria curricular sofreu acréscimos. A Lei 9394/96, em seu Artigo 26, assim dispôs:

Os currículos do ensino fundamental e médio devem ter uma base nacional comum, a ser complementada, em cada sistema de ensino e estabelecimento escolar, por uma parte diversificada, exigida pelas características regionais e locais da sociedade, da cultura, da economia e da clientela.

§1º. Os currículos a que se refere o caput devem abranger, obrigatoriamente, o estudo da língua portuguesa e da matemática, o conhecimento do mundo físico e natural e da realidade social e política, especialmente do Brasil.

§2º. O ensino da arte constituirá componente curricular obrigatório, nos diversos níveis da educação básica, de forma a promover o desenvolvimento cultural dos alunos.

§3º. A educação física, integrada à proposta pedagógica da escola, é componente curricular da educação básica, ajustando-se às faixas etárias e às condições da população escolar, sendo facultativa nos cursos noturnos.

§4º. O ensino da História do Brasil levará em conta as contribuições das diferentes culturas e etnias para a formação do povo brasileiro, especialmente das matrizes indígena, africana e européia.

§5º. Na parte diversificada do currículo será incluído, obrigatoriamente, a partir da quinta série, o ensino de pelo menos uma língua estrangeira moderna, cuja escolha ficará a cargo da comunidade escolar, dentro das possibilidades da instituição.

Na evolução da normatização do sistema de ensino, o Ministério da Educação e Cultura conseguiu que se alterassem os termos "conteúdos mínimos" para "diretrizes curriculares", assim como se deslocasse a iniciativa de sua definição para o mesmo ministério e posterior apreciação do Conselho Nacional de Educação, invertendo a ordem, até então, instalada. O Ministério da Educação assumiu, pois, o papel centralizador nas decisões curriculares no âmbito maior, mais extensivo, ou seja, de todo o território nacional.

A nova incumbência do ministério resultaria, em tempo muito curto, na formulação dos PARÂMETROS CURRICULARES NACIONAIS, entre outras intervenções destinadas a prover a melhoria da escola e do trabalho do professor. Assim, a partir de meados da década de 1990, o MEC definiu e implantou políticas de adequação instrumental para o trabalho docente em sala de aula[2], abrangendo as seguintes ações:

- *avaliação do livro didático e ampliação do programa para as oito séries do ensino fundamental, garantindo sua completa distribuição antes do início das aulas;*
- *municipalização do programa de merenda escolar, garantindo sua abrangência, continuidade e qualidade adaptada ao paladar regional;*
- *a definição dos Parâmetros Curriculares Nacionais para todos os níveis e modalidades da educação básica, como uma forma de orientar o trabalho do professor em seu dia-a-dia com os alunos, atualizando-o com as mais modernas concepções de ensino;*
- *criação do TV Escola;*
- *criação do programa Dinheiro Direto na Escola, transferindo recursos para a escola e estimulando as associações de pais e mestres em todas as escolas urbanas do país;*
- *reativação da execução dos empréstimos do Banco Mundial (projeto Nordeste estendido às regiões Norte e Centro-Oeste).*

Por fim, há uma última instância de determinação curricular para a educação básica antes da escola definir a sua atuação. No âmbito das atribuições dos sistemas de ensino, estaduais e municipais, previu-se a fixação de normas complementares que afetam, obrigatoriamente, o conteúdo curricular da educação básica. Sob essa hierarquia de prescrições, concretiza-se, finalmente, a proposta pedagógica da escola.

Os estabelecimentos de ensino, respeitadas as normas comuns e as do seu sistema de ensino, terão a incumbência de: (I) elaborar e executar sua proposta pedagógica; ... (IV) informar os pais e responsáveis sobre a freqüência e o rendimento dos alunos, bem como sobre a execução de sua proposta pedagógica (Lei 9394/96, Título IV, Artigo 12).

Todos os docentes devem participar da elaboração da proposta pedagógica do estabelecimento de ensino onde trabalham e elaborar e cumprir plano de trabalho, segundo a mesma proposta (Lei 9394/96, Artigo 13, Incisos I e II).

Contudo, cabe perguntar, se esses profissionais da educação estão tendo oportunidade de participar da elaboração de algum projeto pedagógico. Ou, que tipos de dificuldades estão encontrando nesse trabalho? Ou até onde é possível perceber a singularidade dos projetos pedagógicos das nossas escolas?

A inércia institucional e a burocracia que sufoca as escolas não permitiram, pela sua associação, o melhor resultado de uma autonomia bem desempenhada.

Instâncias de Determinação Curricular no Ensino Fundamental

- *Constituição Federal 1988*
  Serão fixados conteúdos mínimos para o ensino fundamental, de maneira a assegurar a formação básica comum e respeito aos valores culturais e artísticos, nacionais e regionais. O ensino religioso, de matrícula facultativa, constituirá disciplina dos horários normais das escolas públicas do ensino fundamental. O ensino fundamental regular será ministrado em língua portuguesa, assegurada às comunidades indígenas também a utilização de suas línguas maternas e processos próprios de aprendizagem (Art. 210 e parágrafos).
- *Lei 9394/96 (Arts. 26 – Parágrafo único –, 27 e 28)*
  BASE NACIONAL COMUM: língua portuguesa, matemática,

conhecimento do mundo físico e natural, conhecimento da realidade social e política, especialmente do Brasil, arte, educação física, História do Brasil.

PARTE DIVERSIFICADA (Exigida pelas características regionais e locais da sociedade, da cultura, da escola e da clientela): língua estrangeira moderna a partir da 5ª série (escolha da comunidade escolar).

- *Parâmetros Curriculares (MEC)*

  Língua Portuguesa, Matemática, História, Geografia, Ciências Naturais, Educação Física, Artes, Educação para a Saúde, Meio Ambiente, Ética, Orientação Sexual, Pluralidade Cultural.

- *Diretrizes Curriculares (Res. 2/1998 do Conselho Nacional de Educação)*

  Língua Portuguesa, Língua Materna, Matemática, Ciências, Geografia, História, Língua Estrangeira, Educação Artística, Educação Física, Educação Religiosa.

  Na parte diversificada, a escola deverá introduzir projetos e atividades do interesse de suas comunidades.

- *Normas Complementares (âmbitos estadual e municipal) → Proposta Pedagógica da Escola.*

A mecânica que rege a determinação curricular nos outros níveis e modalidades de ensino que integram a educação básica segue a mesma seqüência prescritiva do ensino fundamental. Em cada caso, todavia, são acrescidos enunciados próprios, tal como se resume nos quadros que seguem.

Educação Infantil – Base Curricular

- Resolução CEB nº 1/99, do Conselho Nacional de Educação
- *Fundamentos*
  - Princípios Éticos da Autonomia, da Responsabilidade,

da Solidariedade e do Respeito ao Bem comum.

- Princípios Políticos dos Direitos e Deveres de Cidadania, do Exercício da Criticidade e do Respeito à Ordem Democrática.

- Princípios Estéticos da Sensibilidade, da Criatividade, da Ludicidade e da Diversidade de Manifestações Artísticas e Culturais.

- *Dimensões e sentido das práticas*

  - Identidade pessoal de alunos, suas famílias, professores e outros profissionais e da própria unidade educacional.

  - Integração dos aspectos físicos, emocionais, afetivos, cognitivos-lingüísticos e sociais da criança.

  - Ações estruturadas e livres, interação entre as diversas áreas de conhecimento e aspectos da vida cidadã.

- *Avaliação*

  Acompanhamento e registros de etapas alcançadas nos cuidados e na educação sem o objetivo de promoção, mesmo para o acesso ao ensino fundamental.

Educação Especial – Base Curricular

- *Resolução CEB nº 2/2001*

  As diretrizes curriculares nacionais de todas as etapas e modalidades da educação básica estendem-se para a educação especial, assim como essas Diretrizes Nacionais da Educação Especial estendem-se para todas as etapas e modalidades da educação básica (lei 9394/96, Art. 19).

- *Âmbito*
  Todos os níveis da educação básica.
- *Conteúdos*
  Os mesmos do ensino regular.
- *Espaço organizacional*
  - Classes comuns do ensino regular.
  - Classes especiais nas escolas regulares.
  - Escolas especiais.
  - Classes hospitalares.
  - Ambiente domiciliar.
- *Terminalidade específica*
  Apenas para o ensino fundamental, certificação de conclusão de escolaridade, com histórico escolar que apresente, de forma descritiva, as competências desenvolvidas pelo educando, bem como o encaminhamento devido para a educação de jovens e adultos e para a educação profissional.
- *Outras certificações*
  As escolas da rede de educação profissional podem avaliar e certificar competências laborais de pessoas com necessidades especiais não matriculadas em seus cursos, encaminhando-as, a partir desses procedimentos, para o mundo do trabalho.

Com relação ao ensino médio, a legislação parte do mesmo princípio adotado para a educação básica, da qual ele é componente. Mas acrescenta, necessariamente, requisitos organizacionais que retratam a identidade própria que corresponde a esse nível de ensino.

No ensino médio, o conteúdo tem um significado de grande relevância. Primeiro, porque já se delineia, na Constituição Federal, uma perspectiva futura de universalização do ensino médio gratuito. Isso quer dizer que toda a população, um dia, terá passado por esse nível de escolarização. Segundo, porque se tenta superar o eterno dilema da identidade do ensino médio, que é dar respostas a questões, tais como: *que experiências construir para os jovens dos 15 aos 18 anos?*

Ao responder a tal indagação, a nova legislação salientou princípios de ordem estética, política e ética e de uma base nacional comum organizada em três áreas de conhecimento, a saber: LINGUAGENS, CÓDIGOS E SUAS TECNOLOGIAS; CIÊNCIAS DA NATUREZA, MATEMÁTICA E SUAS TECNOLOGIAS; CIÊNCIAS HUMANAS E SUAS TECNOLOGIAS. O tratamento metodológico dessas áreas deve evidenciar a abordagem interdisciplinar e a contextualização.

A demanda interposta pelos acadêmicos dos cursos de filosofia e de ciências sociais, especialmente na última década, em todo o País, redundou num adendo em que se torna explícita a obrigatoriedade de estudos filosóficos e de sociologia sob a justificativa de serem "necessários ao exercício da cidadania" (Art. 10, § 2º, da Resolução CEB nº 3/98, do Conselho Nacional de Educação). A educação física e a arte também integram os estudos expressos além dos três conjuntos principais de conhecimentos.

6.3 Outras modalidades de ensino: flexibilidade inevitável?

O nosso sistema de ensino, portanto, supõe o exercício de escolhas individuais que se revelam na possibilidade da existência de trajetórias diversificadas. Entretanto, não se pode afirmar que todos fazem (estudam) o que querem ou o que necessitam no nosso sistema.

Devemos lembrar, em tempo, que a legislação introduz uma orientação específica para a educação básica que se oferece para a população rural. Adaptação de conteúdos curriculares e metodologias, adaptação da organização escolar, adequação ao calendário agrícola e às condições climáticas constituem indicações expressas. O currículo, diz o texto legal, deve ser adequado à natureza do trabalho na zona rural.

Todo o discurso oficial elaborado no intuito de fundamentar a normatização da vida escolar, especialmente no que se aplica à função curricular, precisa ser analisado, pois, apesar dos quase dez anos de reforma, muitos dispositivos não foram plenamente acionados. E, por isso mesmo, muitos conflitos administrativos não foram explicitados.

A modalidade mais abrangente no sistema de ensino brasileira é a educação de jovens e adultos. Ela cobre o ensino fundamental, o ensino médio e se vincula com a educação profissional. Na linguagem vulgar, poderíamos chamá-la de "espaçosa", interpretando-a sem o sentido pejorativo do vocábulo.

A educação de jovens e adultos, ao servir, em parte, à população excluída, acolhe muitas gerações. Sua estrutura é simplificada, de um lado, e complexa, de outro. Dessa combinação obtém-se uma agilidade incontestável. Alternativas múltiplas facilitam o fluxo e a certificação escolar. Resta saber, resta pesquisar, sobre o valor formativo que ela realmente tem alcançado.

Na história educacional brasileira, a educação de jovens e adultos teve um lugar marginal e confinado em relação ao sistema. Mal valorada e eivada de preconceitos, foi só com o advento da reforma de 1971 que se tornou objeto relevante, afirmativo, inclusivo. Com um capítulo sob outra nomenclatura, tratava-se do ensino supletivo, favorecia o retorno à escolarização regular e o alcance de terminalidades que proporcionavam ingresso no mercado de trabalho. Sua doutrina relevava o sentido de um processo continuado de realização formativa mais além dos limites do sistema escolar. "*Suprimento* [observava o seu relator junto ao Conselho Federal de Educação, conselheiro Valnir Chagas (1972)] *todos nós precisamos*", justificando a pretensão do ensino supletivo, em seu movimento mais evoluído, representar parte de um eixo de educação permanente.

A reforma de 1996 não rompeu com o avanço no campo da educação de jovens e adultos dos últimos vinte e cinco anos que a antecederam. Pelo contrário, sua proposta, em termos renovados, consolida-se como a continuidade de uma estratégia pela busca declarada de justiça social.

Quanto à educação profissional, valeu-lhe um capítulo especial e muitos dispositivos que a articulam não só às demais modalidades de ensino previstas do ensino regular, mas também, às estratégias de educação continuada tanto em instituições especializadas como no ambiente de trabalho (Lei 9394/96, Art.40). Essa interatividade de espaços formativos deve ser formalizada, mediante avaliação, reconhecimento e certificação correspondente para prosseguimento ou conclusão de estudos

(Lei 9394/96, Art. 41).

A educação profissional, integrada às diferentes formas de educação, ao trabalho, à ciência e à tecnologia, conduz ao permanente desenvolvimento de aptidões para a vida produtiva (Art.39). Assim, ela se desdobra em infinitas possibilidades, pois não só está aberta ao aluno matriculado e a qualquer egresso do ensino fundamental, médio e superior, como também permite o acesso do trabalhador em geral, jovem ou adulto (Art. 39, parágrafo único).

Bem reconsiderada, pois, em sua importância social, e valorizada sob a liderança dos Centros Federais de Educação Tecnológica, a educação profissional permanece na pauta do dia, queremos dizer, em discussão. Herdeira de preconceitos e de uma disposição dual do sistema de ensino (a qualificação profissional já foi, no passado, opção para o segmento socialmente desprivilegiado); na atualidade, a expectativa é outra: a educação profissional precisa ser absorvida pela sociedade brasileira para se expandir. Em especial, para que instituições, como as escolas técnicas e profissionais, possam chegar até a comunidade com cursos abertos, condicionada a matrícula à capacidade de aproveitamento, mas sem exigência de escolaridade (Lei 9394/96, Art. 42).

A concepção da educação profissional em sua relação com o sistema de ensino, foi enriquecida e seu lugar está, ao menos teoricamente, e por isso mesmo, ampliado. Sua abertura à comunidade constitui uma bonita promessa.

Finalmente, faz-se mister que façamos referência ao nível mais avançado da educação formal. Aqui, a mesma filosofia para a prescrição curricular da educação básica aplica-se à educação superior. Há diretrizes para cada curso em particular. Todas as instituições precisam formular sua proposta pedagógica e são objeto de sistemático controle. Há, no entanto, mais autonomia na deliberação do cotidiano do ensino superior.

6.4 Perfil de inovação na organização pedagógica

A Lei 9394/96, sem dúvida, ampliou conceitos educacionais e introduziu enunciados inéditos em relação à educação básica. Operacionalmente, algumas determinações apresentam um teor de novidade que se associa às intenções de universalização da educação básica mediante a expansão da escolarização e a inclusão de todos os segmentos da sociedade brasileira. Servem de ilustração: a incorporação das creches e a nova identidade da educação pré-escolar; a menção a uma duração mínima para o ensino fundamental, permitindo, a esse nível, ter mais séries; a possibilidade da adoção da idéia de ciclos; a aceitação de línguas maternas das nações indígenas e de migrantes; a autorização de processos de aprendizagem próprios dos indígenas; a recorrência à estratégia do ensino a distância em casos de complementação da aprendizagem ou situações emergenciais; o caráter alternativo do ensino religioso, confessional ou interconfessional; a perspectiva de ampliação progressiva do período de permanência na escola até chegar ao tempo integral.

Essas "novidades" não deixam de ser, no nosso entender, impactantes.

No que concerne tanto ao ensino fundamental quanto ao ensino médio, um simples paralelo sobre as cargas horárias, matrícula, progressão, agrupamentos discentes e verificação do rendimento, serve à consideração do esforço de atualização do sistema de ensino no que diz respeito ao regime letivo nos últimos vinte e cinco anos.

6.4.1 Atualização do Regime Letivo nos Últimos 25 Anos

Quadro 5 – Ensino Fundamental (antigo ensino de primeiro grau)

	Lei 5692/71	*Lei 9394/96*
Carga horária mínima anual	720	Mínimo de 800 horas
Dias letivos	180	200
Regime escolar	Permitida a organização semestral no ensino de 1º e 2º graus e a matrícula por disciplina sob condições que assegurem o relacionamento, a ordenação e a seqüência dos estudos.	A educação básica poderá organizar-se em séries anuais, períodos semestrais, ciclos, alternância regular de períodos de estudos.
	Lei 5692/71	*Lei 9394/96*
Agrupamentos discentes	Admitida a organização de classes que reúnam alunos de diferentes séries e de equivalentes níveis de adiantamento para o ensino de línguas estrangeiras e outras disciplinas, áreas de estudo e atividades em que tal solução se aconselhe.	Admitidos os grupos não-seriados com base na idade, na competência e em outros critérios ou, por forma diversa, sempre que o interesse do processo de aprendizagem assim o recomendar.
Relação assiduidade X promoção	-Acima de 75% + aproveitamento. -Abaixo de 75% com 80% de aproveitamento. -Mais de 75% com estudos de recuperação.	Mínima de 75%

(continua)

(conclusão)

Verificação do rendimento escolar	A cargo do estabelecimento, notas ou menções, com preponderância dos aspectos qualitativos sobre os quantitativos e os resultados obtidos durante o período letivo sobre os da prova final, caso esta seja exigida. O aluno com aproveitamento insuficiente poderá ser aprovado mediante estudos de recuperação proporcionados em caráter obrigatório pelo estabelecimento.	Avaliação contínua e cumulativa do desempenho do aluno, com prevalência dos aspectos qualitativos sobre os quantitativos e dos resultados ao longo do período sobre os de eventuais provas finais. Aceleração de estudos para alunos com atraso escolar. Avanço nos cursos e nas séries mediante verificação do aprendizado. Aproveitamento de estudos. Obrigatoriedade de estudos de recuperação.

Quadro 6 – Ensino Médio (antigo ensino de segundo grau)

	Lei 5692/71	*Lei 9394/96*
Carga horária mínima anual	2200h (3 anos) 2900h (4 anos) Permitida a conclusão em um período de 2 a 5 anos.	Mínimo de 800h, o que perfaz 2400h em 3 anos e 3200h em 4 anos.
Dias letivos	180	200
Regime escolar	Idem ao ensino de 1º grau	Idem ao ensino fundamental
Agrupamentos discentes	Idem ao ensino de 1º grau	Idem ao ensino fundamental
Relação assiduidade X promoção	Idem ao ensino de 1º grau	Idem ao ensino fundamental

(continua)

Verificação do rendimento escolar	Admitida a matrícula com dependência de uma ou mais disciplinas, áreas de estudo ou atividade da série anterior, a partir da 7ª série, desde que preservada a seqüência do currículo.	Idem ao ensino fundamental

6.5 A avaliação do sistema de ensino: mais um fator de constrição da expectativa de autonomia?

No nosso dia-a-dia percebemos que as injunções do MEC invadiram, em muitos momentos, a intimidade do cotidiano escolar. Primeiramente, quando essa administração superior adotou o sentido dos parâmetros como uma META EDUCACIONAL para a qual deveriam convergir as suas ações políticas, inclusive de formação iniciada e continuada de professores, de análise e compra de livros didáticos e, principalmente, de avaliação nacional. Em segundo lugar, quando foi definido o programa de aceleração escolar que "buscava promover a adequação da série à idade dos alunos do ensino fundamental, com implantação experimental do programa em São Paulo e no Maranhão para posterior extensão da metodologia a outros estados"[3].

Tabela 7 – Taxas de Distorção Idade-Série no Ensino Fundamental

	Total	*1ª à 4ª série*	*5ª à 8ª série*
1996	47%	44%	53%
1998	47%	43%	52%
1999	44%	39%	51%
2002	37%	30%	45%

Fonte: Inep. Taxas de distorção idade-série no ensino fundamental. Disponível em: <http: //www.capes.gov.br/estatisticas/default.asp> Acesso em: abr. 2005

O caráter compulsório e sem tempo para a implantação da correção de fluxo trouxe transtornos para as escolas, que ainda não foram contornados. Entretanto, nas estatísticas oficiais, os índices de matrícula tardia, evasão escolar e repetência, foram reduzidos e têm melhorado a posição brasileira no *ranking internacional**. Por outro lado, uma avaliação qualitativa denuncia um perfil de aproveitamento escolar absolutamente deficitário. A realidade, para os professores que estão na ponta do sistema, é difícil. A avaliação, processo imprescindível para regular a prática pedagógica e a gestão do sistema, ao se apresentar em escala macroscópica, perde sentido para o cotidiano escolar.

Além dos dois "toques" ministeriais que desafiaram ou abalaram o cotidiano escolar (deixemos as opiniões divergentes instalarem-se sobre as questões dos parâmetros e da correção de fluxo), o programa de avaliação educacional é reconhecido

* Durante a gestão de Paulo Renato de Souza, de 1995 a 2002, o Brasil participou de vários processos de avaliação internacionais, o que, sem dúvida, ensejou a criação e a implementação dos vários instrumentos que hoje integram o sistema nacional de avaliação educacional.

como o de maior impacto sobre o sistema, principalmente pelos efeitos de seu caráter centralizador e as implicações da utilização de seus dados. Hoje, um escore de uma avaliação discente na saída do ensino médio pode beneficiar o ingresso do aluno no ensino superior ou pesar na conquista de uma bolsa de estudos; um escore de uma avaliação discente na saída do ensino superior pode beneficiar o ingresso do aluno no mercado de trabalho.

A gestão do sistema escolar impõe, para efeito da adoção das melhores políticas, a disponibilidade de um sistema sensor, isto é, mais do que um sistema controlador, um sistema de informações e avaliação que forneça dados da realidade para subsidiar decisões estratégicas.

Em se tratando de informações, progredimos, efetivamente. Os censos educacionais geram, hoje, uma base sólida e abrangente de dados e informações necessários às atividades de planejamento do Ministério da Educação. Por outro lado, em sua função de controle, o avanço galgado sugere questionamento. O mega-sistema de avaliação implantado pelo MEC passou a ter, em suas mãos, os sistemas de ensino, as instituições escolares, os professores, os alunos, a vida da escola, da classe, o imaginário do professor, a experiência discente.

De início, entendeu-se que, concedida autonomia aos sistemas, às escolas e aos professores, na "entrada" do processo formativo, a avaliação constituiria uma estratégia ministerial para controlar a pertinência e a efetividade do trabalho escolar na "saída". Porém, uma reflexão sobre os termos que articulam a matéria curricular, demonstram que a dinâmica instalada é mais ambiciosa. O processo nacional de avaliação do ensino toma como base as diretrizes de avaliação, constantes no currículo de cada "área" e "cada momento da aprendizagem", fixadas nos parâmetros curriculares nacionais. Aquela liberdade que se imaginava possível aparenta ter sido restringida. É o que se confirma, quando se lê o pronunciamento do ex-ministro da educação.

> *A concepção dos instrumentos de avaliação guarda completa coerência com a concepção pedagógica que o ministério adotou em todos os seus programas, como os parâmetros curriculares da educação básica, a reforma do ensino médio ou as diretrizes curriculares da educação superior*[4].

Não sem razão, diz-se que o sistema de avaliação nacional vale por um sistema educacional.

Por muito tempo, grande parte do esforço educativo esteve voltado para o sucesso na admissão ao ensino superior. Nesse sentido, o ensino médio descaracterizou-se totalmente quando se centrou sobre uma função preparatória, propedêutica, para o ingresso no nível escolar superior. Esteve tão arraigada essa situação, que muitos estabelecimentos se forjaram e consolidaram-se explorando aquela vocação. Grande parte dos estabelecimentos de ensino privado instalaram-se como "cursos preparatórios para o vestibular, "terceirões", e, hoje, expandiram-se para todos os níveis escolares. O êxito no exame vestibular resumia, essencialmente, o êxito de todo o sistema.

Com o sistema nacional de avaliação, desloca-se o eixo da perspectiva de cobrança. O sistema nacional de avaliação não só "premia" as instituições, os sistemas, com melhores desempenhos; como expõe a classificações depreciativas, suspensões e, mesmo, fechamento os cursos e instituições que não derem a melhor resposta aos seus critérios de avaliação. *Teria sentido esse tipo de controle sobre o sistema?* Talvez, sim. Todavia, é imprescindível refletir sobre as condições e os instrumentos com que toda avaliação é realizada.

O sistema de avaliação brasileiro, nesta configuração atual, veio se desenvolvendo desde a década de 1990. Com anterioridade, a avaliação restringia-se aos programas de pós-graduação e à avaliação institucional de instituições superiores públicas. No primeiro caso, deve-se realçar a experiência da Capes/MEC no desenvolvimento de mecanismos de avaliação para efeito de credenciamento e recredenciamento de cursos. Hoje, são igualmente importantes os subsistemas Saeb e Enem.

Quadro 7 – Sistema Nacional de Avaliação Educacional

Ano de instalação	*Programa*	*Descrição*
	Avaliação Institucional	Verifica as condições gerais de funcionamento dos estabelecimentos de educação superior, diferentemente da ACE e do ENC, que são centrados nos cursos de graduação.
1990	SAEB 1 (Sistema de Avaliação da Educação Básica)	Pesquisa por amostragem, sobre o desempenho discente no ensino fundamental e médio, realizada a cada dois anos.
1993	PAIUB (Programa de Avaliação Institucional de Universidades Brasileiras)	Não está em vigor.
1995	SAEB 2	Reformulação.
1997	ENC (Exame Nacional de Curso – Provão)	Qualifica os cursos de graduação pela avaliação do desempenho dos formandos de cada curso. Exame obrigatório.
1998	ENEM (Exame Nacional de Ensino Médio)	Exame de saída facultativo aos que já concluíram o ensino médio e aos que o estão concluindo.

(continua)

2002	ACE (Avaliação das Condições de Ensino)	Subsidia o reconhecimento e a renovação de reconhecimento dos cursos de graduação.
2002	ENCCEJA (Exame Nacional para Certificação de Competências)	Avalia jovens e adultos que não puderam concluir os estudos na idade apropriada (está em reformulação).
2004	SINAES (Sistema Nacional de Avaliação da Educação Superior)	Compõe-se de três processos: Avaliação das Instituições (auto-avaliação e avaliação externa), Avaliação dos Cursos de Graduação e Avaliação do Desempenho dos Estudantes.

Os levantamentos estatísticos e as avaliações educacionais estão sob a responsabilidade do Instituto Nacional de Estudos e Pesquisas Educacionais Anísio Teixeira – Inep, órgão integrante do sistema federal de educação.

Além da condução do sistema nacional de avaliação, o Inep tem parcerias com projetos desenvolvidos sob a égide de outros órgãos internacionais, entre eles, o Laboratório Latino-Americano de Avaliação da Qualidade de Educação, o Programa Internacional de Avaliação de Alunos e o Programa Mundial de Indicadores Educacionais.

- O Laboratório Latino-Americano de Avaliação da Qualidade de Educação, realiza estudos educacionais e promove comparações internacionais sobre a qualidade da educação. O órgão também estuda os fatores que afetam o rendimento dos alunos.
- O Programa Internacional de Avaliação de Alunos – Pisa, desenvolve uma avaliação comparada sobre o desempenho de alunos de 15 anos de idade, com o intuito de averiguar a

efetividade dos sistemas educacionais.

- O programa Mundial de Indicadores Educacionais – WEI (World Education Indicators): oferece uma série de pesquisas internacionais relacionadas aos diferentes níveis de ensino, além de publicações relacionadas à educação.

Com a internacionalização da política de avaliação educacional, parece que o mundo se tornou um laboratório educativo. Nesse contexto, predominam as provas em massa de rendimento dos alunos. Os resultados são publicados e promove-se uma grande competição entre as instituições escolares em cada país e entre os países. A classificação mundial dos sistemas nacionais de educação é referência para financiamentos internacionais, como o que oferece o Banco Mundial.

Ao encerrarmos este capítulo, queremos levantar um questionamento sobre a tendência centralizadora da última década. Na melhor das hipóteses, o pretexto oficial de toda a centralização do sistema de ensino brasileiro, hoje, está relacionado ao propósito de garantir a universalização de oportunidades educacionais combinadas a um "padrão mínimo de qualidade". Nossos dirigentes aparentam acreditar que a escola que constrói o seu destino sem a "proteção superior" corre um risco maior de perder qualidade. Entre os efeitos perversos, possíveis, deste provável suicídio organizacional, estão o comprometimento da gestão democrática, a burocratização do sistema, a alienação da organização frente a uma dominância externa e a acomodação dos professores.

Analfabetismo e a área qualitativa

Antônio Ermírio de Moraes

Se formos julgar o problema do analfabetismo em termos quantitativos e em perspectiva histórica, não há dúvida de que a situação no Brasil melhorou muito, conforme indicam os dados do gráfico a seguir.

Gráfico 10 – Taxa de Analfabetismo

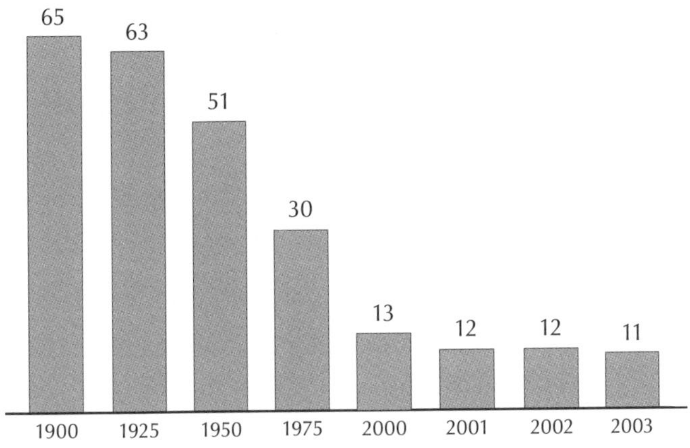

Fonte: ALBUQUERQUE, Roberto Cavalcanti de. **A questão social no Brasil**. Rio de Janeiro: INAE, 2004

Nota: (1) pessoas com mais de 15 anos.

Os maiores ganhos foram obtidos no período mais recente. Começamos o século 20 (sic) com cerca de 65% de analfabetos – uma tragédia –, tendo baixado para 51% em 1950 e apresentado reduções mais drásticas só a partir de 1975 – para chegarmos ao ano 2000 com 13% de analfabetos. Hoje [2005] são 11%.

Mas, quando se adentra a área qualitativa, o quadro é outro. Pesquisa realizada pelo Ibope em 2004 e publicada nesta semana – em pleno século 21 (sic) – informa que a taxa de "analfabetismo funcional" é de 77%! Apenas 23% dos brasileiros que têm entre 15 e 64 anos conseguem resolver problemas numéricos que exigem cálculos matemáticos e têm domínio da leitura de gráficos, mapas e tabelas.

O problema tem sido percebido em outras esferas. Testes realizados por alguns Tribunais Regionais Eleitorais entre candidatos a vereadores e prefeitos mostraram que uma parcela expressiva não entende o que lê e escreve com dificuldade. São os que se propõem a fazer leis e a executar programas.

É um quadro alarmante. Afinal, vivemos na chamada "sociedade do conhecimento", na qual os neurônios são muito mais importantes do que os músculos. Para poder trabalhar, exercer a cidadania e subir na vida, os seres humanos precisam dominar muito bem a linguagem e a matemática – para dizer o menos –, pois o mercado de trabalho e a sociedade em geral estão se tornando cada vez mais exigentes.

Vejam alguns dados adicionais, verdadeiramente dantescos. 46% (sic) dos brasileiros só conseguem resolver problemas que envolvam apenas uma operação aritmética. Se tiverem de encadear mais de um cálculo, eles se complicam e não saem do lugar.

Há coisas piores. Cerca de 29% dos maiores de 15 anos são incapazes de somar e de subtrair e 2% não conseguem sequer identificar os números!

Observem bem: a pesquisa estudou pessoas que fizeram dois, três, quatro e até mais anos de escola. Não se trata de um estudo dos analfabetos, mas, sim, de uma análise dos 89% que são considerados alfabetizados.

O resultado é dramático e precisa ser revertido, pois nenhum país consegue crescer 5% ou 6% ao ano por muito tempo com uma população tão mal preparada.

Mais do que nunca, o esforço agora deve ser concentrado na área qualitativa.

Fonte: MORAES, Antônio Ermírio de. Analfabetismo e a área qualitativa. **Folha de São Paulo**. São Paulo, 12 set. 2004.

Sete

A profissionalização do professor

Palavras-chave

Valorização do magistério; formação do professor; profissionalização.

Problemática

A figura do professor, em todos os tempos e lugares, teve grande importância como formador de gerações. No entanto, a despeito da evolução e consolidação dos sistemas de ensino, as políticas educacionais e a gestão desses sistemas descuidaram-se no provimento das melhores condições de trabalho para o docente. Com a massificação da oferta escolar a imagem do professor vulgarizou-se e decresceu o prestígio de que desfrutava na sociedade. Além disso, surgiram novos desafios ao seu melhor desempenho. Em muitos momentos, seja na legislação, seja no discurso, fala-se na VALORIZAÇÃO DO MAGISTÉRIO. *Mas será que podemos ter esperança de dias melhores para o professor em nosso país?*

7.1 O papel renovado do professor na Lei 9394/96

A disseminação das tendências educacionais contemporâneas e dos pactos educativos internacionais, a mobilização docente e a expectativa de mudança refletiram-se na formulação e aprovação do texto convertido na atual Lei de Diretrizes e Bases brasileira. Não obstante, é de justiça lembrar que a legislação anterior, que consolidou a Reforma de 1971, foi o instrumento de arranque do tema "magistério". Não obstante, também, é importante levar em conta, que a legislação, tal como foi aprovada em 1996, contrapôs-se a muitas das posições alcançadas pela classe docente em todo o País.

De tudo isso, pode-se deduzir que a Lei 9394/96 não perdeu de vista os avanços da reforma anterior, e sim acrescentou responsabilidades novas ao profissional do magistério. Mas, também, contrariou a opinião de segmentos representativos em aspectos que discutiremos na seqüência.

Ao introduzirmos o tema da profissionalização do professor, cabe reconhecer, primeiramente, o papel renovado do exercício docente projetado pela última reforma.

O texto de 1996 e a complementação normativa que se lhe seguiu tratam da função docente no contexto da escola, delineando o âmbito de atuação do professor com tarefas atinentes ao novo padrão educacional.

Além das atribuições tradicionais de ELABORAR E CUMPRIR PLANO DE TRABALHO, MINISTRAR OS DIAS LETIVOS E AS HORAS DE AULA ESTABELECIDOS, ESTABELECER ESTRATÉGIAS DE RECUPERAÇÃO PARA OS ALUNOS DE MENOR RENDIMENTO E ZELAR PELA APRENDIZAGEM DOS ALUNOS, a função docente alargou-se. Hoje, o professor integra a gestão da escola, PARTICIPANDO DA

ELABORAÇÃO DA PROPOSTA PEDAGÓGICA*, DO PLANEJAMENTO E DA AVALIAÇÃO, além de COLABORAR COM AS ATIVIDADES DE ARTICULAÇÃO DA ESCOLA COM AS FAMÍLIAS E A COMUNIDADE. Essa situação, sem dúvida, contribui para a gestão democrática da escola, do sistema.

A expansão do sistema de ensino combinada à afirmação de suas modalidades, à doutrina dos parâmetros curriculares e à adstrita renovação metodológica, à reestruturação organizacional e ao redimensionamento do trabalho escolar, às metas de qualidade e às avaliações que incidem sobre todas as circunstâncias escolares, entre outros fatores presentes no contexto reformado, deslocam a função docente do seu isolamento para um processo cooperativo e projetam expectativas de desempenho novas e, por esses motivos, desafiantes.

Frente à complexidade desse cenário de maior participação e mais compromisso com a educação, um novo perfil de profissional e respectivo desenvolvimento passou a integrar a pauta dos grandes temas do momento.

7.2 A formação do professor

Segundo o censo de 2002, nosso país conta com aproximadamente 2,4 milhões de professores atuando nas escolas públicas e particulares, nem todos qualificados, conforme o previsto na legislação. Ainda que os quadros docentes estejam evoluindo, a preocupação com a sua formação, seja inicial, seja continuada, faz parte prioritária da pauta política atual. Não se trata,

* Com o passar do tempo, os estabelecimentos de ensino estarão consolidando a sua proposta pedagógica. A função do professor já não será de elaboração, mas de revisão, reformulação. Contudo, é necessário realçar a importância da nova atribuição.

entretanto, de corrigir "perfis" de qualificação; acima de tudo, existe uma correlação das análises oficiais contemporâneas que imputa ao professor a responsabilidade pelo fracasso do aluno.

Tabela 8 – Perfil de Escolaridade Exigida para os Professores de Todos os Níveis no Brasil

	EDUCAÇÃO INFANTIL		*ENSINO FUNDAMENTAL*		*ENSINO MÉDIO*[1]		*EDUCAÇÃO SUPERIOR*	
	Total		*Total*		*Total*		*Total*	
1999	262.407	66%	1.487.292	71%	401.157	87%	173.863	16%
2000	278.559	67%	1.583.011	69%	430.467	88%	197.712	63%
2001	311.661	68%	1.553.181	72%	448.656	88%	219.947	54%
2002	328.093	70%	1.581.044	72%	468.310	89%		

Fonte: Inep. Perfil de escolaridade exigida para os professores de todos os níveis no Brasil. Disponível em <http://www.inep.gov.br/estatisticas/default.asp> Acesso em: abr. 2005

Nota: (1) Estão incluídos professores de 5ª a 8ª série e de ensino médio que têm curso superior, mas não necessariamente de licenciatura.

A formação de professores e especialistas constituiu-se, na Reforma de 1971, em uma referência estratégica para a expansão e atualização do sistema de ensino brasileiro. Além disso, a preocupação com a formação estava associada à idéia de uma carreira institucionalizada, prometendo uma estabilidade e uma valorização profissional inéditas para a opção do exercício do magistério. Tanto o sistema quanto o projeto de vida daquele que escolhe ser professor e dedicar toda a sua vida a esse mister, receberam guarida.

Na proposta em vigor, ratifica-se a relevância do tema, mas os caminhos da formação alteram-se. Cria-se o Curso Normal em nível superior e, em conseqüência, é desincentivado o

Curso Normal de nível médio. Recria-se o Instituto Superior de Educação, instituição histórica, mas desusada frente à estrutura universitária. Impõe-se, com tais criações, uma oportunidade competitiva, esdrúxula, diríamos, entre esquemas alternativos de formação.

A tendência da formação do profissional da educação é, como não podia deixar de ser, a progressiva elevação do nível escolar de preparação específica. No entanto, tornou-se polêmica a dispersão institucional. Aliás, a legislação anterior não coibia essa possibilidade. Ela permitia, ainda que PREFERENCIALMENTE EM COMUNIDADES MENORES, QUE FACULDADES, CENTROS, ESCOLAS E OUTROS TIPOS DE ESTABELECIMENTOS CRIADOS OU ADAPTADOS PARA ESSE FIM, OFERECESSEM LICENCIATURAS CURTAS E ESTUDOS ADICIONAIS (esses no contexto do normal médio).

Hoje, faz-se inevitável, visível o modo como cursos de pedagogia, cursos normais de nível médio, cursos normais de nível superior e outras licenciaturas competem na estrutura de oferta de FORMAÇÃO INICIAL para o magistério.

> *Art. 62. A formação de docentes para atuar na educação básica far-se-á em, nível superior, em curso de licenciatura, de graduação plena, em universidades e institutos superiores de educação, admitida, como formação mínima para o exercício do magistério na educação infantil e nas quatro primeiras séries do ensino fundamental, oferecida em nível médio, na modalidade Normal (Lei 9394/96).*

Essa diversidade institucional também existe em outros países como na França. A diferença é que lá, as instituições existem historicamente, são tradicionais, mantiveram sua identidade a despeito do tempo e da modernização das estruturas escolares. A estrutura do sistema francês é o melhor exemplo desse tradicionalismo ao manter suas instituições históricas - escolas especializadas, escolas superiores e institutos universitários - ao lado de universidades.

A formação do professor em nível médio, na modalidade Normal, tem, de certo modo, em função do que já foi dito, um caráter de exceção[1].

Na descrição do formato operacional do Instituto Superior de Educação são claras as superposições das missões antes realizadas por outras instituições. A Lei 9394/96 lhe atribui a manutenção de cursos e programas que já tinham a sua sede.

> *Art. 63. I. Cursos formadores de profissionais para a educação básica, inclusive o curso normal superior, destinado à formação de docentes para a educação infantil e para as primeiras séries do ensino fundamental.*
>
> *Art. 63. II. Programas de formação pedagógica para portadores de diplomas de educação superior que queiram se dedicar à educação básica.*
>
> *Art. 63. III. Programas de educação continuada para os profissionais de educação dos diversos níveis.*

No quadro normativo da década de 1970, todas essas oportunidades de formação inicial estavam presentes. As trajetórias, um pouco distintas, concentravam-se, prioritariamente, nas universidades. Porém, existiam outras instituições fortes, especialmente na esfera estadual, que cooperavam na qualificação do professor. Servem de referência os centros de treinamento e outros programas tutelados por instituições de nível superior dedicadas à educação.

Deixando de lado essa intrigante polêmica da competição institucional, devemos considerar outros componentes da proposta de 1996. A formação continuada, por exemplo, é mais uma frente de relevo na matéria.

A formação de profissionais da educação, de modo a atender aos objetivos dos diferentes níveis e modalidades de ensino e às características de cada fase do desenvolvimento do educando, tem sua base na aceitação de duas exigências principais, dispostos no Artigo 61 da Lei 9394/96:

- *I. Associação entre teorias e práticas, inclusive mediante a capacitação em serviço.*
- *II. Aproveitamento da formação e experiências anteriores em instituições de ensino e em outras atividades.*

No caso da formação proporcionada pela via das licenciaturas, a reformulação proposta traduziu o postulado da relação teoria-prática ao reservar 800 horas para a prática pedagógica, de uma duração mínima total de 2.800 horas.

Assim mesmo, nesse ponto, os enunciados carecem de alguma clareza. Por exemplo, não há convergência de entendimento sobre quais seriam aquelas atividades passíveis de aproveitamento no processo formativo do professor.

A formação de especialistas educacionais nos campos da administração, planejamento, inspeção, supervisão e orientação para a educação básica, mantém-se no âmbito de cursos de graduação e de pós-graduação. De igual modo, permanece a exigência de uma base comum nacional. Entretanto, nos quadros dos sistemas, não estão asseguradas as carreiras respectivas.

Por outro lado, a preparação para o exercício do magistério superior recebeu tratamento de maior exigência. Tal como já prevalecia, privilegia-se a formação em nível de pós-graduação, prioritariamente em programas de mestrado e doutorado. Contudo, a não disponibilidade de diplomados no nível requerido acabou abrindo um oportunidade para os egressos dos cursos de especialização (pós-graduação *lato sensu*). Nesse sentido, especialmente as instituições privadas de ensino superior, quando compõem os seus quadros, recorrem a esta última qualificação, inclusive porque a remuneração docente segue a hierarquia da formação e a contratação sai menos cara.

O sentido da formação do profissional da educação continua merecendo reflexão. A própria dimensão do problema é impressionante. Há dez anos, segundo estimativa do Ministério de Educação,

> *o Brasil tinha mais de um milhão e meio de profissionais atuando no ensino fundamental esparramados por todo o país e já formalmente atuando como professores, mas com deficiências críticas em sua formação, o que levou o então Ministro (sic) a reconhecer que o esforço feito para mudar os métodos e os conteúdos da formação(...) não teria efeito sobre esse imenso contingente*[2].

7.3 A valorização do profissional da educação

São muito próximas as orientações das duas últimas reformas escolares no que corresponde à valorização do magistério. As diferenças da legislação atual são resultado das ênfases adotadas para o sistema como um todo.*

Tem-se como conquistas irreversíveis dos profissionais da educação nos sistemas de ensino, desde a Reforma de 1971 e agora confirmadas, a imprescindibilidade de estatuto e da

*O Estado de São Paulo constitui exceção histórica, especialmente em relação às funções de inspeção e direção. A democratização da gestão escolar, na legislação brasileira, subentende, essencialmente, processos de eleição do gestor no âmbito das escolas, além de alguma participação da comunidade escolar na formulação do projeto pedagógico e controle de suas pequenas finanças. Em nenhum momento, em sua maioria, os sistemas públicos interpõem exigências de qualificação por formação aos seus gestores. São muitas e históricas as contradições que alimentam as discussões desse tema.

projeção da carreira, o ingresso exclusivo por concurso público de provas e títulos, a garantia de aperfeiçoamento e atualização continuados e da progressão funcional baseada na titulação ou habilitação.

Com relação a esta última condição, a Lei 5692/71 deixou ostensivamente transparente a correspondência necessária entre o perfil de qualificação dos professores e dos especialistas e a sua remuneração, o que não se consegue enxergar na legislação em vigor.

Os adendos introduzidos pela Reforma de 1996 incluem: o licenciamento periódico remunerado para fins de aperfeiçoamento profissional continuado; o piso salarial profissional; a avaliação do desempenho para efeitos de progressão funcional; a inclusão na carga de trabalho do período reservado a estudos, planejamento e avaliação; as condições adequadas de trabalho.

A legislação prevê, mas os sistemas de ensino não executam, o que impede que a valorização do professor se concretize, isso constitui mais uma questão atual.

7.4 O perfil de qualificação do professor no contexto escolar

Segundo relatório ministerial, de 1995 a 2002, houve uma evolução no perfil do contingente docente no âmbito da educação infantil e das quatro primeiras séries do ensino fundamental. De mais de 262 mil passamos a 70 mil docentes sem qualificação atuando naquelas áreas. O progresso alcançado é resultado da colaboração das instituições de ensino superior que atuaram financiadas pelos municípios, às custas dos recursos do Fundef*.

Além da retração dos quadros leigos, ocorreu uma expressiva expansão dos docentes com nível de formação superior. Mais de 75% de professores que atuam da 5ª à 8ª série e mais de 90% dos que atuam no ensino médio, são portadores, hoje, de diploma de nível superior[3].

Cabe acrescentar que as estratégias de qualificação docente têm se utilizado, invariavelmente, das novas tecnologias em programas de educação a distância. Essa condição agregou velocidade ao processo de qualificação continuada, além de fomentar a articulação entre sistemas de ensino (esferas administrativas) e instituições educacionais. Assim uma configuração, inédita, está se esboçando com a cooperação inter-institucional no campo da formação de professores.

Os professores: culpados ou vítimas da crise da educação?

Pièrre Furter

Ao tratar do tema dos professores, Furter mostra o espectro das divergências sobre o tema e assume três hipóteses principais para discussão. Primeiramente, afirma que não há consenso mundial nem sobre a questão nem sobre a formação dos professores. Em segundo lugar, observa que, se os professores constituem problema, não é por falta de um preparo suficiente, mas, antes, porque suas condições, situações socioeconômicas e seus estatutos de

* Fundo de Desenvolvimento do Ensino Fundamental e Valorização do Magistério.

trabalhadores intelectuais são insatisfatórios.

No desdobramento de suas hipóteses, o filósofo suiço ratifica o questionamento interposto por Gusdorf (1971) "por que professores?". Na contestação, inventaria seis grupos de razões sobre as quais são formulados os mitos e as realidades da condição docente. Rica matéria para reflexão, em qualquer tempo e lugar.

1) Razões sócio-culturais

a) existem professores, porque a criança, sendo jovem, tem necessidade do apoio e do cuidado de um adulto para se desenvolver (Malson, 1964);

b) a divisão do trabalho induz os pais a não mais poder e, por vezes, até mesmo a não mais querer ocupar-se intensivamente da educação e formação de seus filhos; eles delegam à escola o encargo da formação da futura geração.

2) Razões intelectuais

a) existem professores, porque a geração jovem, para se iniciar ao sistema cultural ao qual pertence, deve encontrar mediadores; o professor-mediador pode desempenhar esse papel em diferentes níveis: lingüístico, na aquisição de um saber comum; na aprendizagem da lógica etc.

3) Razões institucionais

a) existem professores, porque existe a escola;

b) existem professores e escolas, porque é preciso organizar um espaço próprio para proteger e favorecer o desenvolvimento da criança.

4) *Razões socioeconômicas*

a) existem professores, porque é necessário formar as futuras gerações, a fim de que a sociedade possa desenvolver-se, sobreviver, manter-se;

b) os professores podem ser encarregados pela sociedade de formar(às vezes de manipular) a nova geração, a fim de que essa admita o *status quo*;

c) há professores, porque eles auferem vantagens econômicas (e outras) do exercício desta profissão.

5) *Razões éticas*

a) existem professores, porque a formação moral não se pode fazer a não ser no diálogo e por meio da relação com o outro;

b) é possível que "aprender a aprender" só seja possível num esforço coletivo.

6) *Razões inconscientes*

a) existem professores, porque existem adultos que desejam permanecer jovens, mantendo um contato direto com a nova geração;

b) os professores podem, também, escolher essa profissão para serem fortes entre os fracos;

c) alguns casos mostram que há adultos que escolhem essa profissão a fim de satisfazer suas necessidades afetivas (maternidade reprimida etc).

Há razões a encontrar na análise histórica (depararíamos com o pedagogo escravo, o cura da aldeia, o preceptor etc) e, também, nas imagens que existem numa sociedade acerca dos papéis do professor.

A partir da exploração dessas e de outras razões idealizadas acerca da existência do professor é que se projetam as condições do trabalho docente, desde o reconhecimento de sua especificidade, às condições de acesso, de carreira, de deveres e direitos, da liberdade de sua atuação, de corporativismo.

É de se acrescentar, pois, mais questionamentos: que justificativas, que razões, têm orientado os textos legais e os estatutos do magistério em nosso país? Ou então, que razões têm orientado as propostas de formação dos professores brasileiros? Para onde estamos redirecionando o rumo de nossas concepções a respeito do professor, de sua formação, de sua profissionalização?

Furter é enfático ao se referir à crise docente

> *estamos persuadidos de que não é na insuficiência da formação que está a origem das dificuldades. Há crise porque essa formação não responde, não corresponde ou nada tem a ver com os problemas que os diferentes corpos docentes devem afrontar ao nível de suas práticas, de suas condições de trabalho e de seus papéis.* ***Os professores são vítimas de sua condição.***

Fonte: FURTER, Pièrre. **Os sistemas de formação em seus contextos.** Rio de Janeiro: FGV, 1982, p. 234-257.

Oito

Educação escolar no Brasil: garantias de futuro

Palavras-chave

Direito à educação; dever do Estado; Plano Nacional de Educação; financiamento da educação; Fundef; Fundeb.

Problematização

A política social brasileira, na entrada do século XXI, selou compromissos com a educação escolar no sentido de sua expansão, qualificação, universalização e democratização. O Plano Nacional de Educação – PNE – é referência obrigatória para todas as decisões administrativas no sistema de ensino. As metas previstas para a década são audaciosas, mas os recursos disponíveis para a sua concreção são limitados. *Que garantias de futuro tem a educação escolar em nosso país?*

8.1 Direito à educação, garantia de responsabilidade do Estado

Ao abrir o Capítulo Da Educação, Cultura e Desporto, a Constituição Federal de 1988 reafirmou *a educação como direito de todos e dever do Estado e da Família, visando ao pleno desenvolvimento da pessoa, seu preparo para o exercício da cidadania e sua qualificação para o trabalho (Art. 205).*

E mais. Quando se trata do ensino obrigatório e gratuito, o acesso a ele é *direito público subjetivo (Constituição de 1988, Art. 208 § 1º). Em caso de seu não oferecimento, ou sua oferta irregular, importa responsabilidade à autoridade competente (Art. 208 § 2º).*

Esse dever do Estado com a educação de seus cidadãos se explicita, ainda na Constituição (1988), mediante garantias específicas. Cabem comentários introdutórios respectivos.

> *I. Ensino fundamental obrigatório e gratuito, assegurada, inclusive, sua oferta gratuita para todos os que a ele não tiverem acesso na idade própria.*

Depreende-se, desse enunciado, que a educação de jovens e adultos, correspondente ao ensino fundamental, na prática, está em desobediência em relação aos termos legais. A oferta pública e gratuita, nessa modalidade, não atende, ainda, à demanda real. Basta verificar a evolução das matrículas na rede privada.

> *II. Progressiva universalização do ensino médio gratuito.*

A despeito das estatísticas correntes, a universalização do ensino médio nos parece inatingível por diversas razões. Mais difícil, ainda, é a universalização desse nível em condição de gratuidade. Sabemos, historicamente, o quanto o poder público no Brasil descuidou-se do ensino médio, não só abrindo, mas incentivando a iniciativa privada para realizar esse atendimento.

Essa situação vem sofrendo uma reversão, porém esse fenômeno não nos autoriza a sequer imaginar que as redes privadas venham a desaparecer.

Os países que alcançaram a universalização do ensino médio público, com certeza, encontram-se num estágio de desenvolvimento apreciável: Suécia (98%), Japão (82%), Irlanda (99%), Finlândia (94%), Áustria (91%) , Nova Zelândia (96%), Canadá (94%)[1]. Os percalços do modelo brasileiro, e, mesmo a sua própria história eivada de elitismo e dualidade, têm proporcionado elementos de atraso.

III. Atendimento educacional especializado aos portadores de deficiência, preferencialmente na rede regular de ensino.

Seguindo tendências internacionais e protocolos firmados nesse âmbito, esse dever foi ratificado pela Lei 7.853/89, de apoio às pessoas portadoras de deficiência. A tendência inclusiva vem se firmando no sistema de ensino brasileiro em várias frentes. Entretanto, há muito que trilhar, pois o atendimento especializado demanda, sobretudo, maior qualificação do sistema.

IV. Atendimento em creche e pré-escola às crianças de zero a seis anos de idade.

O primeiro censo realizado sobre a educação infantil no Brasil, realizado pelo Inep em 2001, revelou que quase todos os municípios brasileiros possuem pré-escola e mais de 70% têm creche, incluídas as escolas clandestinas. Contudo, o atendimento é precário. Segundo dados levantados pelo Instituto Brasileiro de Geografia e Estatística – IBGE, em 2003, a carência de vagas para a educação infantil era superior a 14 milhões. Sendo um dos setores mais críticos do sistema de ensino, por essa mesma razão está previsto que será o que mais crescerá nos próximos anos.

> *V. Acesso aos níveis mais elevados do ensino, da pesquisa e da criação artística, segundo a capacidade de cada um.*

É bastante difícil tecer comentários sobre a dimensão acima enunciada. O acesso aos níveis escolares mais elevados, sim, pode ser demonstrado pela evolução da respectiva matrícula. *Mas, e quanto à vinculação desse acesso à capacidade de cada um? Estaríamos desperdiçando talentos? Ou, ao contrário, estamos esbanjando certificação escolar? Ou, ainda, o nosso sistema de ensino é discriminador, injusto?*

Quer-nos parecer que, a despeito de avanços visíveis, estamos muito distantes de um tratamento personalizado no sistema, o que não nos deve impedir de manter esse propósito.

Gráfico 11 – O Grau de Instrução do Brasileiro (%)

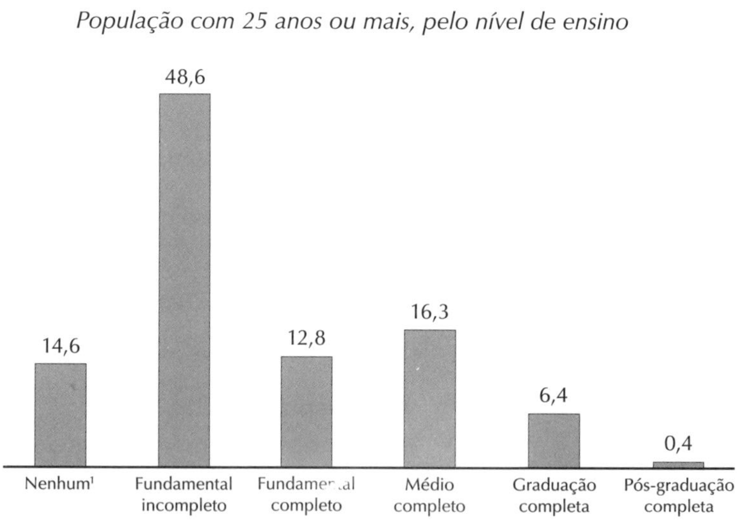

Fonte: IBGE. O grau de instrução do brasileiro. Disponível em:<http://www.ibge.gov.br> Acesso em: abr. 2005

Nota: (1) inclui as pessoas que cursaram e não concluíram a 1ª série do ensino fundamental.

Gráfico 12 – Entre os Graduados, Brancos são Maioria

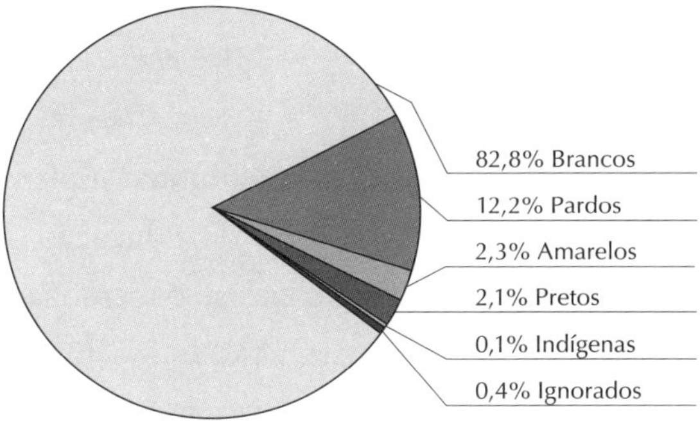

Fonte: IBGE. Entre os graduados, brancos são maioria. Disponível em:<http://www.ibge.gov.br> Acesso em: abr. 2005

Em 2000, o censo realizado pelo IBGE, revelou que não chegava a 7% (6,8) a população brasileira acima de 25 anos que possuía nível escolar superior completo. Assim mesmo, constatou-se uma evolução de 1% em relação à década de 1990. As mulheres, 50,3% da população, representavam 54,3% dos que tinham esse nível de ensino. Isso significa que havia menos homens egressos do ensino superior em relação a elas. No conjunto dos diplomas, 62,6% pertenciam às áreas de ciências sociais, ciências humanas e educação.

VI. Oferta de ensino noturno regular, adequado às condições do educando.

A procura pelo ensino noturno regular é grande. Em 2002, quase a metade dos alunos matriculados no nível médio serviam-se da oferta noturna. Prevê-se, assim mesmo, a evolução da demanda. Desse modo, não só se faz necessário criar vagas, como, sobretudo, é imprescindível criar melhores condições para a freqüência e o aproveitamento escolar. Afinal, o ensino noturno também exige qualidade.

> *VII. Atendimento ao educando, no ensino fundamental, através de programas suplementares de material didático-escolar, transporte, alimentação e assistência à saúde.*

O desenvolvimento dos programas suplementares tem sido coordenado pelo Ministério da Educação. Expressão de uma administração periférica, eles se concretizam, em muitos casos, mediante esquemas de PARCERIAS. Existe uma ampla regulamentação sobre esses programas, justificada pela vinculação de recursos públicos. As sete garantias acima arroladas e brevemente comentadas, constituem compromissos amarrados pela legislação superior. Entretanto, em não gerando recursos financeiros, os governos têm feito "vista grossa" para as lacunas do atendimento escolar. Ressalva-se, aqui, o cumprimento da obrigatoriedade.

No cumprimento de sua responsabilidade, o poder público procura manter-se informado sobre a população a que deve atender, especialmente aquele segmento compulsório. Para esse fim servem os recenseamentos que identificam a demanda potencial. Isso é especialmente aplicado no que se refere ao ensino fundamental. Além do recenseamento, o poder público faz a CHAMADA ESCOLAR ou CONSCRIÇÃO ESCOLAR (na forma legal mais antiga), de modo a organizar o melhor atendimento à clientela. Vagas não podem faltar e, tampouco, serem desperdiçadas. Porém, convém lembrar: crianças na escola, cabe, ao poder público, cuidar, zelar, junto aos pais ou responsáveis, pela sua freqüência, permanência e progresso.

8.2 Prioridades assumidas

A previsão das necessidades sociais de educação, a eleição de prioridades e a definição de estratégias para viabilizar a concretização do respectivo atendimento dentro de uma perspectiva temporal mais dilatada e articulada, constituem objeto do plano nacional de educação.

O Brasil não representa, historicamente, o melhor exemplo no campo do planejamento da educação. Em seu passado, destacam-se poucas oportunidades em que a educação logrou ser um problema nacional de efetiva e explícita prioridade.

Foi após o golpe de estado, em 1937, em uma conjuntura política de exeção, que aconteceu a primeira tentativa de aprovação de um plano nacional de educação. Sua concepção incluía três pontos principais: sua identificação com as diretrizes da educação nacional; a exigência de ser fixado por lei e, em decorrência disso; só podia ser revisto após uma vigência prolongada[2].

Segundo Azanha, apesar de tais características terem sido mais ou menos preservadas nos planos posteriores, foi melhor, para a sociedade brasileira, que o plano nacional de educação esboçado em 1937 não tivesse sido aprovado, pois,

> *excessivamente centralizador, o anteprojeto pretendia ordenar em minúcias irrealistas toda a educação nacional. Tudo ficava regulamentado no Plano, desde o ensino pré-primário ao ensino superior, passando pelo ensino de adultos e profissional (sic) em todas as modalidades e níveis. Os currículos todos eram estabelecidos e até mesmo o número de provas, os critérios de avaliação, etc.*[3]

Em sua critica sobre o caráter de lei do referido plano, Azanha buscou respaldo na tese de que tal conotação afeta a possibilidade de revisões e adequações sempre necessárias numa intervenção social. Para ele, a idéia de planejamento deve estar associada a uma condição de flexibilidade. O plano, em forma de lei, compromete a dinâmica dos oportunos reajustamentos.

Em 1962, tivemos o primeiro Plano Nacional de Educação concretizado. A diferença entre a primeira tentativa e o plano de 1962 situou-se não somente no fato deste último integrar o plano nacional governamental; a dessemelhança estava, também, no caráter fortemente descentralizado dessa última: "apenas estabelecia determinados critérios para os esforços articulados da União, dos estados e dos municípios na aplicação dos recursos destinados à educação. (...) incluiu normas tendentes a estimular a elaboração dos planos estaduais"[4].

Em três décadas dez planos foram

> *elaborados, parcialmente executados, revistos e abandonados, o que reflete não apenas os males gerais da administração pública brasileira, como também o fato de que na educação, pela razão de ela nunca ter sido realmente prioritária para os governos, as coordenadas da ação governamental no setor ficavam bloqueadas ou dificultadas pela falta de uma integração ministerial.*[5]

Em confronto com um passado de ostensiva descontinuidade administrativa e para a garantia de educação em um futuro desejado, temos, hoje, a exigência constitucional de um plano de educação como uma referência estável.

Com tal perspectiva, ao dispor sobre o imperativo do plano, de duração plurianual, a Constituição de 1988 enfatizou as principais questões que deveriam ser contempladas pela integração das políticas públicas:

I. erradicação do analfabetismo;

II. universalização do atendimento escolar;

III. melhoria da qualidade do ensino;

IV. formação para o trabalho.

Gráfico 13 – Analfabetismo (%)

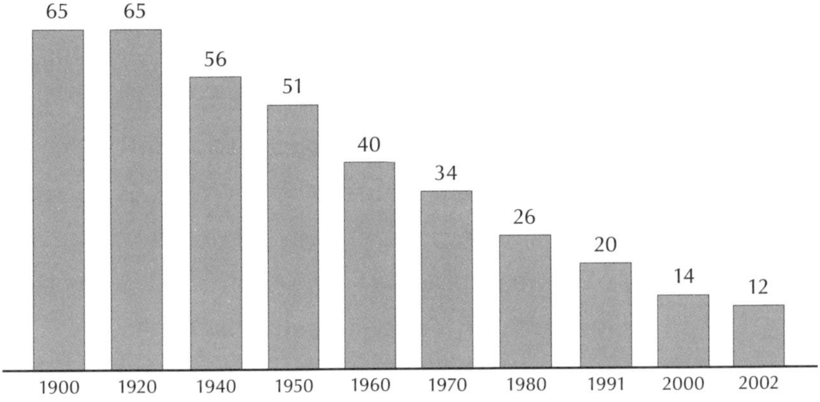

Fonte: IBGE. Analfabetismo. Disponível em: <http://www.ibge.gov.br> Acesso em abr. 2005.

Nota: (1) mesmo com a melhoria, o Brasil ainda possui cerca de 15,5 milhões de analfabetos jovens e adultos e 35 milhões de analfabetos funcionais (estes são os que passaram por algumas séries do ensino fundamental, mas não conseguem entender o que lêem).

Gráfico 14 – Analfabetismo (%) Distribuição do Analfabetismo no Brasil

Por grupos de idade e por região, em 2000, na população com mais de 15 anos.

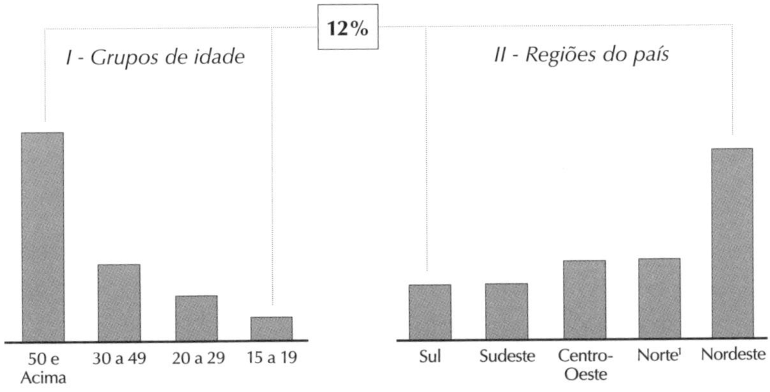

Fonte: SOUZA, Paulo Renato. **A Revolução Gerenciada.** São Paulo: Prentice Hall, 2005, p. 225.

Nota: (1) excluindo os moradores das áreas rurais de Rondônia, Acre, Amazonas, Roraima, Pará e Amapá.

V. *promoção humanística, científica e tecnológica do País (Constituição Federal de 1988, Art. 214).*

No desdobramento dos dispositivos constitucionais e das diretrizes educacionais complementares, o Plano Nacional de Educação* estipulou como seus objetivos:

- a elevação global do nível de escolaridade da população;
- a melhoria da qualidade do ensino em todos os níveis;
- a redução das desigualdades sociais e regionais no tocante ao acesso e à permanência, com sucesso, na educação pública; e
- a democratização da gestão do ensino público, nos estabelecimentos oficiais, obedecendo aos princípios da participação dos profissionais da educação na elaboração do projeto pedagógico da escola e a participação das comunidades escolar e local em conselhos escolares ou equivalentes.

Dentro desses objetivos, foram definidas as prioridades expressas.

1) Garantia de ensino fundamental obrigatório de oito anos a todas as crianças de sete a quatorze anos, assegurando o seu ingresso e permanência na escola e a conclusão desse ensino. Essa prioridade inclui o necessário esforço dos sistemas de ensino para que todas obtenham a formação mínima para o exercício da cidadania e para o usufruto do patrimônio cultural da sociedade moderna. O processo pedagógico deverá ser adequado às necessidades dos alunos e corresponder a um ensino socialmente significativo. Prioridade de tempo integral para as crianças das camadas sociais mais necessitadas.

* Aprovado em 9 de janeiro de 2001, pelo sancionamento da Lei 10.172, em obediência ao Art. 214 da Constituição e do Art. 87, § 1º, da Lei 9394/96, que fixa as diretrizes e bases da educação nacional.

2) Garantia de ensino fundamental a todos os que a ele não tiveram acesso na idade própria ou que não o concluíram. A erradicação do analfabetismo faz parte dessa prioridade, considerando-se a alfabetização de jovens e adultos como ponto de partida e parte intrínseca desse nível de ensino. A alfabetização dessa população é entendida no sentido amplo de domínio dos instrumentos básicos da cultura letrada, das operações matemáticas elementares, da evolução histórica da sociedade humana, da diversidade do espaço físico e político mundial e da constituição da sociedade brasileira. Envolve, ainda, a formação do cidadão responsável e consciente de seus direitos e deveres.
3) Ampliação do atendimento nos demais níveis de ensino – a educação infantil, o ensino médio e a educação superior. Está prevista a extensão da escolaridade obrigatória para crianças de seis anos de idade, quer na educação infantil, quer no ensino fundamental, e a gradual extensão do acesso ao ensino médio para todos os jovens que completam o nível anterior, como também para os jovens e adultos que não cursaram os outros níveis de ensino nas idades próprias. Para as demais séries e para os outros níveis, são definidas metas de ampliação dos percentuais de atendimento da respectiva faixa etária. A ampliação do atendimento, nesse plano, significa maior acesso, ou seja, garantia crescente de vagas e, simultaneamente, oportunidade de formação que corresponda às necessidades das diferentes faixas etárias, assim como, nos níveis mais elevados, às necessidades da sociedade, no que se refere a lideranças científicas e tecnológicas, artísticas e culturais, políticas e intelectuais, empresariais e sindicais, além das demandas do mercado de

trabalho. Faz parte dessa prioridade a garantia de oportunidades de educação profissional complementar à educação básica, que conduza ao permanente desenvolvimento de aptidões para a vida produtiva, integrada às diferentes formas de educação, ao trabalho, à ciência e à tecnologia.

4) Valorização dos profissionais da educação. Particular atenção deverá ser dada à formação inicial e continuada, em especial dos professores. Faz parte dessa valorização a garantia de condições adequadas de trabalho, entre elas o tempo para estudo, preparação das aulas, salário digno, com piso salarial e carreira de magistério.
5) Desenvolvimento de sistemas de informação e de avaliação em todos os níveis e modalidades de ensino, inclusive educação profissional, contemplando também o aperfeiçoamento dos processos de coleta e difusão dos dados, como instrumentos indispensáveis para a gestão do sistema educacional e melhoria do ensino.

A partir das prioridades expressas, o PNE definiu diretrizes e metas para a gestão e o financiamento da educação, para cada nível e modalidade de ensino e para a formação e a valorização do magistério e dos demais profissionais da educação, para a primeira década do século XXI.

Questões para articulação das políticas públicas
(Constituição Federal)
↓
Objetivos do PNE
↓
Prioridades do PNE
↓
Diretrizes e metas

A análise dessa matéria requer um tempo que o presente estudo não alcança. A densidade da proposta exige um recúo, inclusive para descobrir relevâncias não acolhidas. Também, é importante reconhecer o viés globalizado da política educacional contemporânea.

8.3 Dos recursos e suas fontes

> *Buscando então assegurar uma fonte estável e específica de recursos para a manutenção do ensino primário, Pombal cria, através da Carta Régia de 10/11/1772, o Subsídio Literário (...) , que para o Brasil correspondia ao valor de dez réis em cada "canada"(2.622 litros) de aguardente e de um real em cada "arrátel" (0,429 Kg) de carne.*[6]

Voltando os olhos para o passado, desde a atuação dos jesuítas no período colonial, deparamos com uma omissão absoluta e persistente por parte do Estado em relação à educação. É somente a partir da década de 30, no século passado, que o Brasil, refletindo uma tendência mundial, passou a formular políticas sociais, incluídas, a educação, convertendo-a em uma de suas prioridades.

E, para fazer face aos novos compromissos, o poder público precisou contar, obrigatoriamente, com mais e constantes recursos.

Na atualidade, em se tratando de políticas públicas, o ponto de partida do financiamento da educação escolar brasileira se funde no dispositivo constitucional, o qual prevê que a União aplique, anualmente:

> *nunca menos de dezoito, e os Estados, o Distrito Federal e os Municípios vinte e cinco por cento, no mínimo, da receita resultante de impostos, compreendida a proveniente de transferências, na manutenção e desenvolvimento do ensino (Art. 212, Constituição Federal de 1988).*

Desse modo, a receita de impostos é a principal fonte de financiamento da educação no País.

Ao dispor sobre a matéria financeira, a Lei 9394/96 determinou, para os estados, o Distrito Federal e os municípios, a ampliação do percentual mínimo constitucional. Em seu artigo 69, menciona os percentuais constitucionais, mas abre, para as constituições estaduais e para as leis orgânicas municipais, a possibilidade de alterarem o coeficiente de vinculação desse recurso. Tem-se notícia de que muitos municípios chegam a utilizar até 35% de sua receita tributária nos serviços escolares de sua jurisdição.

Existe, por parte de certos segmentos, a convicção de que os recursos públicos devem ser destinados às escolas públicas. No entanto, a legislação permite que sejam destinados, também, para socorrer as escolas comunitárias, as confessionais e as filantrópicas. Esses recursos podem ser aplicados, ainda, em atividades de pesquisa e extensão e em bolsas de estudo para o ensino fundamental e médio. Mais precisamente, para aqueles que demonstrarem insuficiência de recursos e na falta de vagas em cursos regulares na rede pública da localidade de domicílio do educando. Além da bolsa com tal justificativa, o poder público é obrigado a investir, prioritariamente, na expansão de sua rede na dita localidade.

Os gastos municipais com a oferta escolar, que não o ensino fundamental e a educação infantil, devem ocorrer por conta de recursos acima dos percentuais mínimos vinculados pela Constituição Federal.

Gráfico 15 – Investimento Público na Educação por Setor – 2003

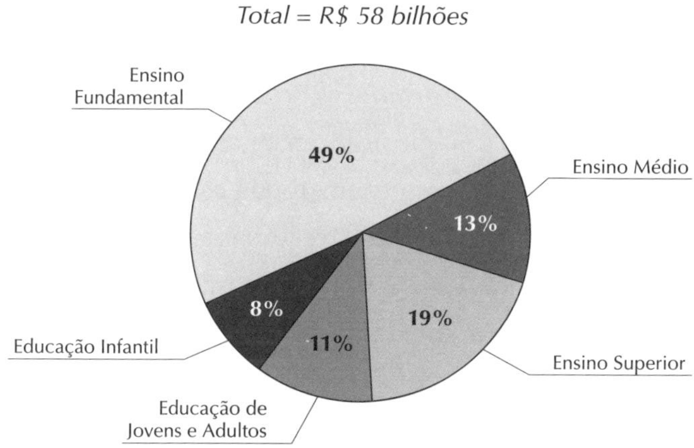

Fonte: Inep. Investimento público na educação por setor - 2003. Disponível em <http: //www.inep.gov.br/estatisticas/default.asp> Acesso em: abr. 2005

Gráfico 16 – Investimento Público em Educação por Esfera Administrativa

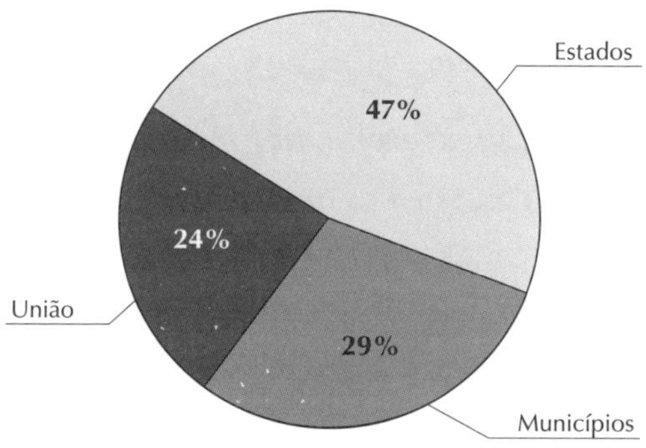

Fonte: Inep. Investimento público em educação por esfera administrativa. Disponível em: <htpp: //www.inep.gov.br/estatisticas/default.asp> Acesso em: abr. 2005

Além dessa principal fonte, a manutenção e o desenvolvimento dos sistemas de ensino contam com outros recursos definidos pela Lei de Diretrizes e Bases de 1996: o salário-educação, as loterias, o Fundo de Apoio ao Desenvolvimento Social - FAZ, e os *royalties* sobre a extração de petróleo e gás.

Ora, desde uma posição realista, precisamos admitir, para o momento atual, que nem todas as despesas em educação podem ser custeadas pelos recursos públicos. Daí justificar a especificação de gastos típicos de manutenção e desenvolvimento do ensino, constante da LDB, em seu artigo 70.

Seriam as seguintes, as despesas próprias, financiáveis, então:

I. *remuneração e aperfeiçoamento do pessoal e demais profissionais da educação;*

II. *aquisição manutenção, construção e conservação de instalações e equipamentos necessários ao ensino;*

III. *uso e manutenção de bens e serviços vinculados ao ensino;*

IV. *levantamentos estatísticos, estudos e pesquisas visando precipuamente ao aprimoramento da qualidade à expansão do ensino;*

V. *realização de atividades-meio necessárias ao funcionamento dos sistemas de ensino;*

VI. *concessão de bolsas de estudo a alunos de escolas públicas e privadas;*

VII. *amortização e custeio de operações de crédito destinadas a atender ao disposto nos incisos deste artigo;*

VIII. aquisição de material didático-escolar e manutenção de programa de transporte escolar (Lei 9394/96, Art. 70).

Como podemos ver, os termos, na lei, são bastante abrangentes e permitem interpretações de conveniência. Pensando nisso, o legislador arrolou, no mesmo texto legal, em seu Artigo 71, despesas que não se caracterizam como de manutenção e desenvolvimento do ensino, a saber:

I. *pesquisa, quando não vinculada às instituições de ensino, ou, quando efetivada fora dos sistemas de ensino, que não vise, precipuamente, ao aprimoramento de sua qualidade ou à sua expansão;*

II. *subvenção a instituições públicas ou privadas de caráter assistencial, desportivo ou cultural;*

III. *formação de quadros especiais para a administração pública, sejam militares ou civis, inclusive diplomáticos;*

IV. *programas suplementares de alimentação, assistência médico-odontológica, farmacêutica e psicológica, e outras formas de assistência social;*

V. *obras de infra-estrutura, ainda que realizadas para beneficiar direta ou indiretamente a rede escolar;*

VI. *pessoal docente e demais trabalhadores da educação, quando em desvio de função ou em atividade alheia à manutenção e desenvolvimento do ensino.*

Em todo caso, reconhecemos a insuficiência do sistema de financiamento da educação brasileira frente às demandas, apesar dos indiscutíveis avanços alcançados pelas políticas de inclusão escolar.

Tabela 9 – Distribuição do Gasto Público em Educação por Nível de Governo nas Diferentes Regiões do País (Anteriormente à Reforma de 1996)

Região	*União*	*Estados*	*Municípios*	*Participação no PIB regional %*
Norte	22,5	59,7	17,9	4,6
Nordeste	25,6	45,2	29,2	5,7
Sudeste	11,7	56,6	31,7	3,5
Sul	21,4	44,5	34,1	3,6
Centro-Oeste	44,7	39,6	15,7	5,1
BRASIL	25,0	47,8	27,2	4,2

Fonte: Pinto, José Marcelino R. **Os recursos para educação no Brasil no contexto das finanças públicas**. Brasília: Plano, 2000. 160 p.

8.4 A força do Fundef (futuro Fundeb)

As desigualdades regionais no Brasil são muito salientes. Sua repercussão sobre as disponibilidades de recursos para a educação é palpável. Muitos municípios encontram-se em situação desvantajosa para participar do esforço que o compromisso educacional atual impõe. É neste momento, em que os mecanismos de financiamento da educação vem se aperfeiçoando, que se criou, em 1996, o Fundo de Manutenção e Desenvolvimento do Ensino e de Valorização do Magistério - Fundef, hoje, sendo substituído pelo Fundeb – Fundo de Desenvolvimento da Educação Básica.

Desde o seu estabelecimento, o Fundef recebe expressiva parcela dos recursos para a educação provenientes dos estados e municípios por obrigação constitucional. Uma vez alocados no Fundo, esses recursos têm sido redistribuídos proporcionalmente ao número de alunos de cada rede pública de ensino – estadual ou municipal – conforme informações levantadas pelo Censo Escolar respectivo ao ano anterior. Quando o valor anual por aluno, de um sistema, não alcança o mínimo nacional, o governo federal complementa o recurso.

O repasse dos recursos via Fundef tem sido automático, transparente e pontual. Essa sistemática neutralizou a tradicional prática clientelista e o burocratismo que reinaram na disputa pelos recursos educacionais. Mesmo assim, há notícias freqüentes de esquemas fraudulentos praticados pelos administradores dos sistemas que, para aumentar a sua receita, ora fornecem dados inverídicos sobre a população escolar (sempre para mais), ora travestem as rubricas das despesas*.

Uma das principais motivações da criação do Fundef foi a valorização do magistério. Assim, 60% dos seus recursos devem se destinar, obrigatoriamente, ao custeio dos salários dos professores.

O Fundef, em sua configuração afinal, está sujeito a um controle social jamais experimentado. São várias as instâncias em que sua dinâmica fica exposta ou submete-se a fiscalização. Além dos mecanismos de controle contábil usuais na administração pública, existem Comissões de Acompanhamento e Controle Social adstritas aos municípios. Cada governo – municipal e/ou estadual – tem a obrigação de apresentar, mensalmente, uma planilha de gastos para seu respectivo Conselho de Educação. E, mais, as prestações de contas do Fundef devem ser colocadas à disposição de todo e qualquer cidadão, nas agências do Banco do Brasil e no *site* do Ministério da Educação**.

* As prestações de contas de alguns governos locais, nos últimos anos, estão com sua aprovação pendente.

** <http://www.mec.gov.br>.

Ao apreciarmos sua concepção, não podemos subtrair o mérito desse mecanismo. O Fundef constitui uma solução de financiamento que pretende reforçar a autonomia dos municípios e aumentar o poder de negociação salarial dos professores em âmbito local. Contudo, não existe uma avaliação cabal nesse sentido, ao mesmo tempo em que novas regras estão sendo introduzidas.

A polêmica sobre as prioridades da educação relacionadas aos outros níveis e modalidades de ensino – educação infantil, educação especial, educação de jovens e adultos, educação profissional – está provocando a reformulação das regras do Fundef. Estamos, hoje, às vésperas da aprovação de um novo Fundo, em substituição ao Fundef, trata-se do Fundeb, a mesma fonte para um destino mais dilatado: a educação básica.

Como toda mudança, o Fundeb não escapa ao debate necessário, situação, aliás, que tem protelado a sua aprovação final. E não é a constituição de um fundo contábil que cubra todos os níveis e modalidades da educação básica que suscita discordância, ao contrário, a abertura do financiamento escolar a toda a educação básica é uma proposta louvada por grande parte da sociedade. A preocupação dos contendores centra-se, isso sim, sobre a sustentação política que o novo mecanismo exige. É nesse sentido que parecem escassos os esclarecimentos sobre as fontes de recursos do revitalizado fundo. O aumento de recursos é imprescindível, pois se ampliam as situações escolares a atender, assim como devem ser amarrados, os recursos necessários, nas propostas orçamentárias anuais e nos planos plurianuais. Essa definição e a previsão de sua plena implantação, além, claro, da delimitação da participação da União na constituição do "fundo", fazem os meandros do processo de sua legitimação e legalização.

Financiamento Estudantil - Fies

No que concerne ao ensino superior, devemos dar lugar ao registro da linha de crédito para estudantes matriculados em instituições privadas: o Fies, substituto do antigo Crédito Educativo. A mecânica do Fies resume-se em empréstimo que o estudante faz para seguir seus estudos e no pagamento do valor financiado corrigido, após concluir o curso. Muitos estudantes vêm enfrentando dificuldades para saldar sua dívida, ou mesmo, até para cumprir as condições que habilitariam a sua candidatura ao crédito. Em face disso, a questão dos auxílios aos estudantes está sendo revista.

Os cursos de pós-graduação têm uma dinâmica de financiamento distinta, com ajudas não reembolsáveis para estudo no País ou no exterior.

A reforma universitária em andamento prevê a expansão de auxílio e bolsas e um compromisso social mais abrangente por parte das instituições de ensino, mediante o desenvolvimento da assistência social.

Por que não fazer já?

Jorge Werthein

Quando temos um desafio, tratamos de identificar as suas características e de procurar saber como responder a ele. Se todos estão de acordo, cabe agir o mais rápido possível, porque a história não espera; o tempo não resolve o problema das sociedades – ele só faz os desafios tornarem-se ainda mais difíceis. Assim, o adiamento tem custos crescentes.

Ao longo do ano de 2004 o Brasil teve mais alguns sinais de que a sua educação precisa de melhoras urgentes. O balanço do ano passado aponta para as mesmas direções, que se manterão neste ano se não agirmos vigorosamente.

O "Relatório de Desenvolvimento Juvenil" da Unesco apontou as desigualdades, sobretudo raciais, e as deficiências de qualidade educacional. Por sua vez, o índice de Desenvolvimento Humano revelou que o Brasil caiu da 65ª para a 72ª posição no mundo. A taxa de analfabetismo seria de 13,6% ou de 11,8%, no último caso melhorando o posicionamento do país, mas, de qualquer maneira, evidenciando um nível incompatível com o desenvolvimento brasileiro.

Veio, em seguida, o "Relatório Mundial de Monitoramento sobre Educação para Todos", também da Unesco, no qual o Brasil apareceu em situação desfavorável. Embora situado no grupo de países próximos de atingir algumas das metas fixadas para 2015 em Dacar (Senegal), o país ainda enfrenta problemas para cumprir outras, em especial a qualidade do seu sistema de ensino. Com isso, ficou em 72° lugar entre 127 países.

A situação brasileira é melhor na educação primária universal (32° lugar), mas não acompanha o ritmo na alfabetização de adultos (67°), na paridade de gêneros (66°) e na taxa de permanência de alunos até a quinta série (87°). Isso significa que muitas crianças entram na escola e saem pouco depois.

Ao contrário de Argentina, Cuba e Chile, na América Latina, o Brasil não está próximo de atingir todas as metas, mas somente algumas.

Por fim, veio o Pisa 2003, uma avaliação internacional de compreensão de textos, matemática e ciências. O Brasil continuou no nível 1, com os alunos sendo capazes de realizar apenas tarefas simples. Na média, em relação a 2000, teve pequena melhoria, estatisticamente não significativa. Ao mesmo tempo, mostrou que os melhores alunos tiveram maior rendimento, porém houve uma queda do desempenho nos níveis inferiores. Em outras palavras, aumentaram as desigualdades, já tão acentuadas. Como essas desigualdades se compensam, o país ficou quase na mesma, situando-se nos últimos lugares, junto com a Indonésia e Turquia.

Essa sucessão de pesquisas internacionais mostra que fazemos o mais fácil - matricular crianças na escola -, mas não o mais difícil, que é levá-las a aprender de verdade, numa escola democrática. Por isso mesmo falta educação para todos.

Quanto a essas questões, a nação está de acordo: as deficiências apontadas são sempre as mesmas, elas são graves e é preciso atacá-las. Se avançar lentamente é ficar distante das metas, ficar parado é andar para trás. Por que, então, não começar a fazer já, se existe esse consenso nacional.

Fonte: WERTHEIN, Jorge. Por que não fazer já? **Folha de São Paulo**, São Paulo, 19 jan. 2005. Coluna "Tendências e Debates", p. A3.

Referências por Capítulo

capítulo 1

[1] FURTER, Pièrre. **Os sistemas de formação em seus contextos**. Rio de Janeiro: FGV, 1982, p. 288.
[2] TRILLA BERNET, Jaime. **Animación sócio-cultural, formación de adultos y ciudad educativa**. Barcelona: Anthropos. Editoria Del Hombre, 1993, p. 70.
[3] FURTER, Pièrre. **Os sistemas de formação em seus contextos**. Rio de Janeiro: FGV, 1982, p. 288.
[4] _____. **Os sistemas de formação em seus contextos**. Rio de Janeiro: FGV, 1982, p. 119.
[5] _____. **Os sistemas de formação em seus contextos**. Rio de Janeiro: FGV, 1982, p. 126-127.
[6] _____. **Os sistemas de formação em seus contextos**. Rio de Janeiro: FGV, 1982, p. 126-127.
[7] RAMA, Germán W. Estrutura e movimentos sociais no desenvolvimento da educação popular. In: _____. (Org.). **Mudanças educacionais na América Latina. Situações e condições**. Fortaleza: Universidade Federal do Ceará, 1983, p. 77.

[8] FURTER, Pièrre. **Os sistemas de formação em seus contextos**. Rio de Janeiro: FGV, 1982, p. 79.

[9] _____. **Os sistemas de formação em seus contextos**. Rio de Janeiro: FGV, 1982, p. 120.

capítulo 2

[1] ABBAGNANO, N.; VISALBERGHI, A. **Historia de la Pedagogia**. México: Fondo de Cultura Econômica, 1987, p. 11.

[2] _____. **Historia de la Pedagogia**. México: Fondo de Cultura Econômica, 1987, p. 12.

[3] RUANO-BORBALAN, Jean-Claude. Des sociétés orales aux sociétés scolaires. In: **Éduquer et former. Les connaissances et les dábats en éducation et en formation**. Auxerre Cedex: Éditions Sciences Humaines, 2001, p. 281.

[4] _____. Des sociétés orales aux sociétés scolaires. In: **Éduquer et former. Les connaissances et les dábats en éducation et en formation**. Auxerre Cedex: Éditions Sciences Humaines, 2001, p. 283.

[5] _____. Des sociétés orales aux sociétés scolaires. In: **Éduquer et former. Les connaissances et les dábats en éducation et en formation**. Auxerre Cedex: Éditions Sciences Humaines, 2001, p. 283.

[6] _____. Des sociétés orales aux sociétés scolaires. In: **Éduquer et former. Les connaissances et les dábats en éducation et en formation**. Auxerre Cedex: Éditions Sciences Humaines, 2001, p. 283.

[7] AZEVEDO, Fernando. **A cultura brasileira**. São Paulo: Melhoramentos, 1964, p. 64.

[8] TEIXEIRA, Anísio. **Educação no Brasil**. São Paulo: Editora Nacional, 1969, p. 64.

[9] AZEVEDO, Fernando. **A cultura brasileira**. São Paulo: Melhoramentos, 1964, p. 503.

[10] _____. **A cultura brasileira**. São Paulo: Melhoramentos, 1964, p. 539.

[11] CERVI, Rejane de Medeiros (Coor.). O Marquês de Pombal e a escola pública no Brasil. Curitiba: UFPR, **Revista de Educação**, Série Mestrado, ano 1, v. 1 (1), 1977, p. 53.

[12] _____. O Marquês de Pombal e a escola pública no Brasil. Curitiba: UFPR, **Revista de Educação**, Série Mestrado, ano 1, v. 1 (1), 1977, p. 53.

[13] AZEVEDO, Fernando. **A cultura brasileira**. São Paulo: Melhoramentos, 1964, p. 539.

[14] CERVI, Rejane de Medeiros. **A educação no limiar da República**. Brasília, DF, 1989, p. 8.

[15] AZEVEDO, Fernando de. A **cultura brasileira**. São Paulo: Melhoramentos, 1964, p. 564.

[16] _____. **A cultura brasileira**. São Paulo: Melhoramentos, 1964, p. 585.

[17] AZEVEDO, Fernando de. **A cultura brasileira**. São Paulo: Melhoramentos, 1964, p. 585.

[18] PEIXOTO, Afrânio. **Marta e Maria**: Documentos de acção pública. Lisboa: Sociedade Gráfica Editorial, 1930, p. 60-61.

[19] CERVI, Rejane de Medeiros. **A educação no limiar da República**. Brasília, DF, 1989, p. 12.

[20] _____. **A educação no limiar da República**. Brasília, DF, 1989, p. 13-20.

[21] CERVI, Rejane de Medeiros. **A educação no limiar da República**. Brasília, DF, 1989, p. 30.

[22] VERÍSSIMO, José. **A educação nacional**, 1900.

[23] _____. **A educação nacional**, 1900.

[24] TEIXEIRA, Anísio. **Educação no Brasil**. São Paulo: Editora Nacional, 1969, p. 64.

[25] _____. **Educação no Brasil**. São Paulo: Editora Nacional, 1969, p. 65-66.

[26] PEIXOTO, Afrânio. **Marta e Maria**: Documentos de acção pública. Lisboa: Sociedade Gráfica Editorial, 1930, p. 94.

[27] _____. **Educação no Brasil**. São Paulo: Editora Nacional, 1969, p. 44.

[28] _____. **Educação no Brasil**. São Paulo: Editora Nacional, 1969, p. 50.

[29] _____. **Educação no Brasil**. São Paulo: Editora Nacional, 1969, p. 50-58.

[30] CERVI, Rejane de Medeiros. Voltar ao passado, por quê? **Revista Educar**, Curitiba, v. 7, n. 1/2, jan./dez. 1998, p. 7.

[31] CERVI, Rejane de Medeiros. Voltar ao passado, por quê? **Revista Educar**, Curitiba, v. 7, n. 1/2, jan./dez. 1998, p. 5-11.

[32] TEIXEIRA, Anísio. **Educação no Brasil**. São Paulo: Editora Nacional, 1969, p. 42.

[33] _____. **Educação no Brasil**. São Paulo: Editora Nacional, 1969, p. 48.

[34] _____. **Educação no Brasil**. São Paulo: Editora Nacional, 1969, p. 50.

capítulo 3

[1] FURTER, Pièrre. **Os sistemas de formação em seus contextos**. Rio de Janeiro: FGV, 1982, p. 288.

[2] TEIXEIRA, Anísio. Valores proclamados e valores reais nas instituições escolares brasileiras. **Revista Brasileira de Estudos Pedagógicos**. Rio de Janeiro, v. 37, n. 86, abr./jun. 1962, p. 59-79.

[3] LAVAL, Christian; WEBERE, Louis. **Le nouvel ordre éducatif mondial**. Paris: Nouveauxs Regards-Syllepse, 2002, p. 95.

[4] LAVAL, Christian. **L'école n'est pas une entreprise. Le néo-libéralisme à l'assaut de l'enseignement public**. Paris: Éditions La Decouverte, 2003, p. 10.

[5] TEIXEIRA, Anísio. Valores proclamados e valores reais nas instituições escolares brasileiras. **Revista Brasileira de Estudos Pedagógicos**. Rio de Janeiro, v. 37, n. 86, abr./jun. 1962, p. 59-79.

Capítulo 4

[1] NUNES, Clarice. **Ensino médio**. Rio de Janeiro: DP&A, 2002; VIANNEY, João; TORRES, Patrícia Lupion; SILVA, Elizabeth. **A univesidade virtual no Brasil**. Tubarão, SC: Editora Unisul, 2003, p. 162.

Capítulo 6

[1] AZANHA, José Maria Pires. Parâmetros Curriculares Nacionais e autonomia da escola. Disponível em: <http: //www.hottopos.com/harcard3/zemar.htm> Acesso em 2005.

[2] SOUZA, Paulo Renato. **A revolução gerenciada**. Educação no Brasil, 1995-2002. São Paulo: Prentice Hall, 2005.

[3] _____. **A revolução gerenciada**. Educação no Brasil, 1995-2002. São Paulo: Prentice Hall, 2005.

[4] _____. **A revolução gerenciada**. Educação no Brasil, 1995-2002. São Paulo: Prentice Hall, 2005.

Capítulo 7

[1] SOUZA, Paulo Renato. **A revolução gerenciada**. Educação no Brasil, 1995-2002. São Paulo: Prentice Hall, 2005, p. 126.

[2] _____. **A revolução gerenciada**. Educação no Brasil, 1995-2002. São Paulo: Prentice Hall, 2005, p. 127.

[3] _____. **A revolução gerenciada**. Educação no Brasil, 1995-2002. São Paulo: Prentice Hall, 2005, p. 127.

capítulo 8

[1] BLANCO, Javier Ventura. **Perspectivas econômicas de la educación**. Barcelona: Universitat de Barcelona, 1999, p. 178.

[2] AZANHA, José Maria Pires. Planos e políticas de educação no Brasil: alguns pontos para reflexão. In: MENEZES, João Gualberto de Carvalho et al. **Estrutura e funcionamento da educação básica**. São Paulo: Pioneira, 1998, p. 109.

[3] _____. Planos e políticas de educação no Brasil: alguns pontos para reflexão. In: MENEZES, João Gualberto de Carvalho et al. **Estrutura e funcionamento da educação básica**. São Paulo: Pioneira, 1998, p. 112.

[4] _____. Planos e políticas de educação no Brasil: alguns pontos para reflexão. In: MENEZES, João Gualberto de Carvalho et al. **Estrutura e funcionamento da educação básica**. São Paulo: Pioneira, 1998, p. 112.

[5] _____. Planos e políticas de educação no Brasil: alguns pontos para reflexão. In: MENEZES, João Gualberto de Carvalho et al. **Estrutura e funcionamento da educação básica**. São Paulo: Pioneira, 1998, p. 113.

[6] PINTO, José Marcelino R. **Os recursos para educação no Brasil no contexto das finanças públicas**. Brasília: Plano, 2000.

Referências

ABBAGNANO, N.; VISALBERGHI, A. **Historia de la Pedagogia**. México: Fondo de Cultura Econômica, 1987, 709 p.

ALBUQUERQUE, Roberto Cavalcanti de. A **questão social no Brasil**. Rio de Janeiro: Inae, 2004.

AZANHA, José Maria Pires. Parâmetros Curriculares Nacionais e autonomia da escola. Disponível em: <http://www.hottopos.com/harcard3/zemar.htm> Acesso em: 2005.

_____. Planos e políticas de educação no Brasil: alguns pontos para reflexão. In: MENEZES, João Gualberto de Carvalho et al. **Estrutura e funcionamento da educação básica**. São Paulo: Pioneira, 1998, p. 109.

AZEVEDO, Fernando de. **A cultura brasileira**. São Paulo: Melhoramentos, 1964, 641 p.

BLANCO, Javier Ventura. **Perspectivas econômicas de la educación**. Barcelona: Universitat de Barcelona, 1999, p. 178.

BRASIL. Constituição da República Federativa do Brasil de 1988. Brasília – Gabinete da Casa Civil. 5 de outubro de 1988. Disponível em: <http://www.gov.br/ccivil> Acesso em: abr. 2005.

BRASIL. Lei de Diretrizes e Bases da Educação Nacional 9394/96. Brasília, 20 de dezembro de 1996. Disponível em: <http://www.sedas.cc.gov.br/site_fundef/lei9394> Acesso em: abr. 2005.

CAPES. Número de alunos titulados. Disponível em: <http://www.capes.gov.br/capes/portal/conteudo/10/EstatisticasPG.htm> Acesso em: abr. 2005.

_____. Número de cursos de Pós-Graduação no Brasil. Disponível em: <http://www.capes.gov.br/capes/portal/conteudo/10/EstatisticasPG.htm> Acesso em: abr. 2005.

CERVI, Rejane de Medeiros (Coor.). O Marquês de Pombal e a escola pública no Brasil. Curitiba: UFPR, **Revista de Educação**, Série Mestrado, ano 1, v. 1 (1), 1977, p. 37-70.

_____. **A educação no limiar da República**. Brasília, DF, 1989.

_____. Voltar ao passado, por quê? **Revista Educar**, Curitiba, v. 7, n. 1/2, jan./dez. 1998, p. 7.

CONSTANTINO, Luciana. Só 50% concluem o ensino fundamental Folha de São Paulo, São Paulo, 12 mar. 2003. Folha Cotidiano.

FARIA FILHO, Luciano Mendes; VIDAL, Diana Gonçalves. Os tempos e os espaços escolares no processo de institucionalização da escola primária no Brasil. In: ANPED. 500 anos de educação escolar. Revista Brasileira de Educação. Campinas: Autores Associados. Maio-ago./2000, n. 14, p. 19-34.

FURTER, Pièrre. **Educação e vida**. Petrópolis: Vozes, 1966, 200 p.

_____. **Os sistemas de formação em seus contextos**. Rio de Janeiro: FGV, 1982, p. 288.

IBGE. Analfabetismo. Disponível em: <http://www.ibge.gov.br> Acesso em: abr. 2005.

_____. Entre os graduados, brancos são maioria. Disponível em: <http://www.ibge.gov.br> Acesso em: abr. 2005.

_____. O grau de instrução do brasileiro. Disponível em: <http://www.ibge.gov.br> Acesso em: abr. 2005.

INEP. Investimento público em educação por esfera administrativa. Disponível em: <http://www.inep.gov.br/estatisticas/default.asp> Acesso em: abr. 2005.

_____. Investimento público na educação por setor - 2003. Disponível em: <http://www.inep.gov.br/estatisticas/default.asp> Acesso em: abr. 2005.

_____. Matrículas e concluintes do ensino fundamental e médio regular. Disponível em: <http://www.inep.gov.br/estatisticas/default.asp> Acesso em: abr. 2005.

_____. Matrículas e concluintes do ensino fundamental e médio supletivo – 1994-2002. Disponível em: <http://www.inep.gov.br/estatisticas/default.asp> Acesso em: abr. 2005.

_____. Matrículas na educação especial. Disponível em: <http://www.inep.gov.br/estatisticas/default.asp> Acesso em: abr. 2005.

_____. Matrículas na educação infantil. Disponível em: <http://www.inep.gov.br/estatisticas/default.asp> Acesso em: abr. 2005.

_____. Matrículas no ensino fundamental. Disponível em: <http://www.inep.gov.br/estatisticas/default.asp> Acesso em: abr. 2005.

_____. Matrículas no ensino superior. Disponível em: <http: //www.inep.gov.br/estatisticas/default.asp> Acesso em: abr. 2005.

INEP. Número de instituições de ensino superior no Brasil. Disponível em: <http://www.inep.gov.br/estatisticas/default.asp> Acesso em: abr. 2005.

_____. Perfil de escolaridade exigida para os professores de todos os níveis no Brasil. Disponível em: <http://www.inep.gov.br/estatisticas/default.asp> Acesso em: abr. 2005.

_____. Taxas de distorção idade-série no ensino fundamental. Disponível em: <http://www.inep.gov.br/estatisticas/default.asp> Acesso em: abr. 2005.

_____. Taxas médias de promoção, repetência e abandono do ensino fundamental de 1995 a 2001. Disponível em: <http://www.inep.gov.br/estatisticas/default.asp> Acesso em: abr. 2005.

INGINIERO, José. **O homem medíocre**. Curitiba: Livraria do Chain Editora, [s.d.], 208 p.

LAVAL, Christian. **L'école n'est pas une entreprise. Le néo-libéralisme à l'assaut de l'enseignement public**. Paris: Éditions La Decouverte, 2003, 336 p.

LAVAL, Christian; WEBERE, Louis. **Le nouvel ordre éducatif mondial**. Paris: Nouveauxs Regards-Syllepse, 2002, 143 p.

LEI 4024/61 – BRASIL. Senado Federal. Lei de Diretrizes e Bases da Educação Nacional: n. 4024/61. Brasília: 1961.

LEI 5692/71 – BRASIL. Senado Federal. Lei de Diretrizes e Bases da Educação Nacional: n. 5692/71. Brasília: 1961.

MORAES, Antôno Ermínio de. Analfabetismo e área qualitativa. **Folha de São Paulo**, São Paulo, 12 set. 2004.

NUNES, Clarice. **Ensino médio**. Rio de Janeiro: DP&A, 1992.

PEIXOTO, Afrânio. **Marta e Maria**: Documentos de acção pública. Lisboa: Sociedade Gráfica Editorial, 1930, 488 p.

PINTO, José Marcelino R. **Os recursos para educação no Brasil no contexto das finanças públicas.** Brasília: Plano, 2000, 160 p.

Plano prevê dobra números de doutores no páis. Folha de São Paulo, 06 jan. 2005.

RAMA, Germán W. Estrutura _____. (Org.). **Mudanças educacionais na América Latina. Situações e condições.** Fortaleza: Universidade Federal do Ceará, 1983, 358 p.

ROCHA, Anna Bernardes da Silveira. O currículo do ensino fundamental e a Lei 9394/96. In: SILVA, Eurides Brito da. (Org.). **A educação básica pós LDB**. São Paulo: Pioneira, 1988, p. 37-59.

RUANO-BORBALAN, Jean-Claude. Des sociétés orales aux sociétés scolaires. In: **Éduquer et former. Les connaissances et les dábats en éducation et en formation**. Auxerre Cedex: Éditions Sciences Humaines, 2001, 432 p.

SCHWARTZ, Bertrand. **A educação amanhã**. Petrópolis: Vozes, 1976, 407 p.

SEMENT SÁNCHEZ, Joan Maria. **Los educadores sociales em Europa**. Valência: Martin Impressoras, 1993, 219 p.

SOUZA, Paulo Renato. **A revolução gerenciada**. Educação no Brasil, 1995-2002. São Paulo: Prentice Hall, 2005, 226 p.

SUCHODOLSKI, Bogdan. Para un enfoque mundial del problema de las finalidades. Conclusión. In: **Finalidades de la** educación. Paris: Unesco, 1981, p. 186-187.

TEDESCO, Juan Carlos. Sistema ou instituição. In:_____. O novo pacto educativo: educação, competitividade e cidadania na sociedade moderna. São Paulo: Atica, 1998.

TEIXEIRA, Anísio. **Educação no Brasil**. São Paulo: Editora Nacional, 1969, 385 p.

TEIXEIRA, Anísio. Valores proclamados e valores reais nas instituições escolares brasileiras. **Revista Brasileira de Estudos Pedagógicos**. Rio de Janeiro, v. 37, n. 86, abr./jun. 1962, p. 59-79.

TRILLA BERNET, Jaime. **Animación sócio-cultural, formación de adultos y ciudad educativa**. Barcelona: Anthropos. Editoria Del Hombre, 1993, 220 p.

VERÍSSIMO, José. **A educação nacional**, 1900.

VIANNEY, João; TORRES, Patrícia Lupion; SILVA, Elizabeth. **A univesidade virtual no Brasil**. Tubarão, SC: Editora Unisul, 2003, 250 p.

WERTHEIN, Jorge. Por que não fazer já? **Folha de São Paulo**, São Paulo, 19 jan. 2005. Coluna "Tendências e Debates", p. A3.

Anexo 1

CONSTITUIÇÃO DE 1988 - EDUCAÇÃO

TÍTULO I

DOS PRINCÍPIOS FUNDAMENTAIS

Art. 1º A República Federativa do Brasil, formada pela união indissolúvel dos Estados e Municípios e do Distrito Federal, constitui-se em Estado democrático de direito e tem como fundamentos:

II - a cidadania;

III - a dignidade da pessoa humana;

IV - os valores sociais do trabalho e da livre iniciativa;

Art. 3º Constituem objetivos fundamentais da República Federativa do Brasil:

I - construir uma sociedade livre, justa e solidária;

II - garantir o desenvolvimento nacional;

III - erradicar a pobreza e a marginalização e reduzir as desigualdades sociais e regionais;

TÍTULO II

DOS DIREITOS E GARANTIAS FUNDAMENTAIS

CAPÍTULO I

DOS DIREITOS E DEVERES INDIVIDUAIS E COLETIVOS

Art. 5º Todos são iguais perante a lei, sem distinção de qualquer natureza, garantindo-se aos brasileiros e aos estrangeiros residentes no País a inviolabilidade do direito à vida, à liberdade, à igualdade, à segurança e à propriedade, nos termos seguintes:

I - homens e mulheres são iguais em direitos e obrigações, nos termos desta Constituição;

II - ninguém será obrigado a fazer ou deixar de fazer alguma coisa senão em virtude de lei;

IV - é livre a manifestação do pensamento, sendo vedado o anonimato;

IX - é livre a expressão da atividade intelectual, artística, científica e de comunicação, independentemente de censura ou licença;

XIII - é livre o exercício de qualquer trabalho, ofício ou profissão, atendidas as qualificações profissionais que a lei estabelecer;

LV - aos litigantes, em processo judicial ou administrativo, e aos acusados em geral são assegurados o contraditório e ampla defesa, com os meios e recursos a ela inerentes;

LXIX - conceder-se-á mandado de segurança para proteger direito líquido e certo, não amparado por "habeas-corpus" ou "habeas-data", quando o responsável pela ilegalidade ou abuso de poder for autoridade pública ou agente de pessoa jurídica no exercício de atribuições do Poder Público;

LXX - o mandado de segurança coletivo pode ser impetrado por:

a) partido político com representação no Congresso Nacional;

b) organização sindical, entidade de classe ou associação legalmente constituída e em funcionamento há pelo menos um ano, em defesa dos interesses de seus membros ou associados;

CAPÍTULO II

DOS DIREITOS SOCIAIS

Art. 6º São direitos sociais a educação, a saúde, o trabalho, a moradia, o lazer, a segurança, a previdência social, a proteção à maternidade e à infância, a assistência aos desamparados, na forma desta Constituição. (Redação dada pela Emenda Constitucional nº 26, de 14.02.2000.)

TÍTULO III

DA ORGANIZAÇÃO DO ESTADO

CAPÍTULO I

DA ORGANIZAÇÃO POLÍTICO-ADMINISTRATIVA

Art. 18. A organização político-administrativa da República Federativa do Brasil compreende a União, os Estados, o Distrito Federal e os Municípios, todos autônomos, nos termos desta Constituição.

CAPÍTULO II

DA UNIÃO

Art. 22. Compete privativamente à União legislar sobre:

XIV - diretrizes e bases da educação nacional;

Parágrafo único. Lei complementar poderá autorizar os Estados a legislar sobre questões específicas das matérias relacionadas neste artigo.

Art. 23. É competência comum da União, dos Estados, do Distrito Federal e dos Municípios:

I - zelar pela guarda da Constituição, das leis e das instituições democráticas e conservar o patrimônio público;

V - proporcionar os meios de acesso à cultura, à educação e à ciência;

Parágrafo único. Lei complementar fixará normas para a cooperação entre a União e os Estados, o Distrito Federal e os Municípios, tendo em vista o equilíbrio do desenvolvimento e do bem-estar em âmbito nacional.

Art. 24. Compete à União, aos Estados e ao Distrito Federal legislar concorrentemente sobre:

IX - educação, cultura, ensino e desporto;

§ 1º - No âmbito da legislação concorrente, a competência da União limitar-se-á a estabelecer normas gerais.

§ 2º - A competência da União para legislar sobre normas gerais não exclui a competência suplementar dos Estados.

§ 3º - Inexistindo lei federal sobre normas gerais, os Estados exercerão a competência legislativa plena, para atender a suas peculiaridades.

§ 4º - A superveniência de lei federal sobre normas gerais suspende a eficácia da lei estadual, no que lhe for contrário.

CAPÍTULO III

DOS ESTADOS FEDERADOS

Art. 25. Os Estados organizam-se e regem-se pelas Constituições e leis que adotarem, observados os princípios desta Constituição.
§ 1º - São reservadas aos Estados as competências que não lhes sejam vedadas por esta Constituição.

CAPÍTULO IV

DOS MUNICÍPIOS

Art. 30. Compete aos Municípios:
I - legislar sobre assuntos de interesse local;
II - suplementar a legislação federal e a estadual no que couber;
VI - manter, com a cooperação técnica e financeira da União e do Estado, programas de educação pré-escolar e de ensino fundamental.

CAPÍTULO V

DO DISTRITO FEDERAL E DOS TERRITÓRIOS

Seção I
Do Distrito Federal
Art. 32. O Distrito Federal, vedada sua divisão em Municípios, reger-se-á por lei orgânica, votada em dois turnos com interstício mínimo de dez dias, e aprovada por dois terços da Câmara Legislativa, que a promulgará, atendidos os princípios estabelecidos nesta Constituição.
§ 1º - Ao Distrito Federal são atribuídas as competências legislativas reservadas aos Estados e Municípios.

CAPÍTULO VI

DA INTERVENÇÃO

Art. 34. A União não intervirá nos Estados nem no Distrito Federal, exceto para:

VII - assegurar a observância dos seguintes princípios constitucionais:

e) aplicação do mínimo exigido da receita resultante de impostos estaduais, compreendida a proveniente de transferências, na manutenção e desenvolvimento do ensino e nas ações e serviços públicos de saúde. (Redação dada pela Emenda Constitucional nº 29, de 13.0.2000.)

Art. 35. O Estado não intervirá em seus Municípios, nem a União nos Municípios localizados em Território Federal, exceto quando:

III – não tiver sido aplicado o mínimo exigido da receita municipal na manutenção e desenvolvimento do ensino e nas ações e serviços públicos de saúde; (Redação dada pela Emenda Constitucional nº 29, de 13.09.2000.)

TÍTULO VI

DA TRIBUTAÇÃO E DO ORÇAMENTO

CAPÍTULO I

DO SISTEMA TRIBUTÁRIO NACIONAL

Seção II

Das Limitações do Poder de Tributar

Art. 150. Sem prejuízo de outras garantias asseguradas ao contribuinte, é vedado à União, aos Estados, ao Distrito

Federal e aos Municípios:

VI - instituir impostos sobre:

c) patrimônio, renda ou serviços dos partidos políticos, inclusive suas fundações, das entidades sindicais dos trabalhadores, das instituições de educação e de assistência social, sem fins lucrativos, atendidos os requisitos da lei;

d) livros, jornais, periódicos e o papel destinado a sua impressão.

CAPÍTULO II

DAS FINANÇAS PÚBLICAS

Seção II

Dos Orçamentos

Art. 167. São vedados:

IV – a vinculação de receita de impostos a órgão, fundo ou despesa, ressalvadas a repartição do produto da arrecadação dos impostos a que se referem os arts. 158 e 159, a destinação de recursos para as ações e serviços públicos de saúde e para manutenção e desenvolvimento do ensino, como determinado, respectivamente, pelos arts. 198, § 2º, e 212, e a prestação de garantias às operações de crédito por antecipação de receita, previstas no art. 165, § 8º, bem como o disposto no § 4º deste artigo; (Redação dada pela Emenda Constitucional nº 29, de 13.09.2000.)

TÍTULO VII

DA ORDEM ECONÔMICA E FINANCEIRA

CAPÍTULO I

DOS PRINCÍPIOS GERAIS DA ATIVIDADE ECONÔMICA

Art. 170. A ordem econômica, fundada na valorização do trabalho humano e na livre iniciativa, tem por fim assegurar a todos existência digna, conforme os ditames da justiça social, observados os seguintes princípios:

Parágrafo único. É assegurado a todos o livre exercício de qualquer atividade econômica, independentemente de autorização de órgãos públicos, salvo nos casos previstos em lei.

TÍTULO VIII

DA ORDEM SOCIAL

CAPÍTULO I

DISPOSIÇÃO GERAL

Art. 193. A ordem social tem como base o primado do trabalho, e como objetivo o bem-estar e a justiça sociais.

CAPÍTULO III

DA EDUCAÇÃO, DA CULTURA E DO DESPORTO

Seção I

Da Educação

Art. 205. A educação, direito de todos e dever do Estado e da família, será promovida e incentivada com a colaboração da sociedade, visando ao pleno desenvolvimento da pessoa, seu preparo para o exercício da cidadania e sua qualificação para o trabalho.

Art. 206. O ensino será ministrado com base nos seguintes princípios:

I - igualdade de condições para o acesso e permanência na escola;

II - liberdade de aprender, ensinar, pesquisar e divulgar o pensamento, a arte e o saber;

III - pluralismo de idéias e de concepções pedagógicas, e coexistência de instituições públicas e privadas de ensino;

IV - gratuidade do ensino público em estabelecimentos oficiais;

V - valorização dos profissionais do ensino, garantidos, na forma da lei, planos de carreira para o magistério público, com piso salarial profissional e ingresso exclusivamente por concurso público de provas e títulos; (Redação dada pela Emenda Constitucional nº 19, de 04.06.1998.)

VI - gestão democrática do ensino público, na forma da lei;

VII - garantia de padrão de qualidade.

Art. 207. As universidades gozam de autonomia didático-científica, administrativa e de gestão financeira e patrimonial, e obedecerão ao princípio de indissociabilidade entre ensino, pesquisa e extensão.

§ 1º É facultado às universidades admitir professores, técnicos e cientistas estrangeiros, na forma da lei. (Acrescentado pela Emenda Constitucional nº 11, de 30.04.1996.)

§ 2º O disposto neste artigo aplica-se às instituições de pesquisa científica e tecnológica. (Acrescentado pela Emenda

Constitucional nº 11, de 30.04.1996.)

Art. 208. O dever do Estado com a educação será efetivado mediante a garantia de:

I - ensino fundamental, obrigatório e gratuito, assegurada, inclusive, sua oferta gratuita para todos os que a ele não tiveram acesso na idade própria; (Redação dada pela Emenda Constitucional nº 14, de 13.09.1996.)

II - progressiva universalização do ensino médio gratuito; (Redação dada pela Emenda Constitucional nº 14, de 13.09.1996.)

III - atendimento educacional especializado aos portadores de deficiência, preferencialmente na rede regular de ensino;

IV - atendimento em creche e pré-escola às crianças de zero a seis anos de idade;

V - acesso aos níveis mais elevados do ensino, da pesquisa e da criação artística, segundo a capacidade de cada um;

VI - oferta de ensino noturno regular, adequado às condições do educando;

VII - atendimento ao educando, no ensino fundamental, através de programas suplementares de material didático-escolar, transporte, alimentação e assistência à saúde.

§ 1º - O acesso ao ensino obrigatório e gratuito é direito público subjetivo.

§ 2º - O não-oferecimento do ensino obrigatório pelo Poder Público, ou sua oferta irregular, importa responsabilidade da autoridade competente.

§ 3º - Compete ao Poder Público recensear os educandos no ensino fundamental, fazer-lhes a chamada e zelar, junto aos pais ou responsáveis, pela freqüência à escola.

Art. 209. O ensino é livre à iniciativa privada, atendidas as

seguintes condições:
I - cumprimento das normas gerais da educação nacional;
II - autorização e avaliação de qualidade pelo Poder Público.
Art. 210. Serão fixados conteúdos mínimos para o ensino fundamental, de maneira a assegurar formação básica comum e respeito aos valores culturais e artísticos, nacionais e regionais.
§ 1º - O ensino religioso, de matrícula facultativa, constituirá disciplina dos horários normais das escolas públicas de ensino fundamental.
§ 2º - O ensino fundamental regular será ministrado em língua portuguesa, assegurada às comunidades indígenas também a utilização de suas línguas maternas e processos próprios de aprendizagem.
Art. 211. A União, os Estados, o Distrito Federal e os Municípios organizarão em regime de colaboração seus sistemas de ensino.
§ 1º A União organizará o sistema federal de ensino e o dos Territórios, financiará as instituições de ensino públicas federais e exercerá, em matéria educacional, função redistributiva e supletiva, de forma a garantir equalização de oportunidades educacionais e padrão mínimo de qualidade do ensino mediante assistência técnica e financeira aos Estados, ao Distrito Federal e aos Municípios; (Redação dada pela Emenda constitucional nº 14, de 13.09.1996.)
§ 2º Os Municípios atuarão prioritariamente no ensino fundamental e na educação infantil. (Redação dada pela Emenda constitucional nº 14, de 13.09.1996.)
§ 3º Os Estados e o Distrito Federal atuarão prioritariamente no ensino fundamental e médio. (Parágrafo incluído pela

Emenda constitucional nº 14, de 13.09.1996.)

§ 4º Na organização de seus sistemas de ensino, os Estados e os Municípios definirão formas de colaboração, de modo a assegurar a universalização do ensino obrigatório. (Parágrafo incluído pela Emenda constitucional nº 14, de 13.09.1996.)

Art. 212. A União aplicará, anualmente, nunca menos de dezoito, e os Estados, o Distrito Federal e os Municípios vinte e cinco por cento, no mínimo, da receita resultante de impostos, compreendida a proveniente de transferências, na manutenção e desenvolvimento do ensino.

§ 1º - A parcela da arrecadação de impostos transferida pela União aos Estados, ao Distrito Federal e aos Municípios, ou pelos Estados aos respectivos Municípios, não é considerada, para efeito do cálculo previsto neste artigo, receita do governo que a transferir.

§ 2º - Para efeito do cumprimento do disposto no "caput" deste artigo, serão considerados os sistemas de ensino federal, estadual e municipal e os recursos aplicados na forma do art. 213.

§ 3º - A distribuição dos recursos públicos assegurará prioridade ao atendimento das necessidades do ensino obrigatório, nos termos do plano nacional de educação.

§ 4º - Os programas suplementares de alimentação e assistência à saúde previstos no art. 208, VII, serão financiados com recursos provenientes de contribuições sociais e outros recursos orçamentários.

§ 5º O ensino fundamental público terá como fonte adicional de financiamento a contribuição social do salário-educação, recolhida pelas empresas, na forma da lei. (Redação dada pela Emenda Constitucional nº 14, de 13.09.1996.)

Art. 213. Os recursos públicos serão destinados às escolas públicas, podendo ser dirigidos a escolas comunitárias, confessionais ou filantrópicas, definidas em lei, que:

I - comprovem finalidade não-lucrativa e apliquem seus excedentes financeiros em educação;

II - assegurem a destinação de seu patrimônio a outra escola comunitária, filantrópica ou confessional, ou ao Poder Público, no caso de encerramento de suas atividades.

§ 1º - Os recursos de que trata este artigo poderão ser destinados a bolsas de estudo para o ensino fundamental e médio, na forma da lei, para os que demonstrarem insuficiência de recursos, quando houver falta de vagas e cursos regulares da rede pública na localidade da residência do educando, ficando o Poder Público obrigado a investir prioritariamente na expansão de sua rede na localidade.

§ 2º - As atividades universitárias de pesquisa e extensão poderão receber apoio financeiro do Poder Público.

Art. 214. A lei estabelecerá o plano nacional de educação, de duração plurianual, visando à articulação e ao desenvolvimento do ensino em seus diversos níveis e à integração das ações do Poder Público que conduzam à:

I - erradicação do analfabetismo;

II - universalização do atendimento escolar;

III - melhoria da qualidade do ensino;

IV - formação para o trabalho;

V - promoção humanística, científica e tecnológica do País.

Seção II

Da Cultura

Art. 215. O Estado garantirá a todos o pleno exercício dos direitos culturais e acesso às fontes da cultura nacional, e apoiará e incentivará a valorização e a difusão das manifestações culturais.

§ 1º - O Estado protegerá as manifestações das culturas populares, indígenas e afro-brasileiras, e das de outros grupos participantes do processo civilizatório nacional.

§ 2º - A lei disporá sobre a fixação de datas comemorativas de alta significação para os diferentes segmentos étnicos nacionais.

Art. 216. Constituem patrimônio cultural brasileiro os bens de natureza material e imaterial, tomados individualmente ou em conjunto, portadores de referência à identidade, à ação, à memória dos diferentes grupos formadores da sociedade brasileira, nos quais se incluem:

I - as formas de expressão;

II - os modos de criar, fazer e viver;

III - as criações científicas, artísticas e tecnológicas;

IV - as obras, objetos, documentos, edificações e demais espaços destinados às manifestações artístico-culturais;

V - os conjuntos urbanos e sítios de valor histórico, paisagístico, artístico, arqueológico, paleontológico, ecológico e científico.

§ 1º - O Poder Público, com a colaboração da comunidade, promoverá e protegerá o patrimônio cultural brasileiro, por meio de inventários, registros, vigilância, tombamento e desapropriação, e de outras formas de acautelamento e preservação.

§ 2º - Cabem à administração pública, na forma da lei, a gestão da documentação governamental e as providências para franquear sua consulta a quantos dela necessitem.

§ 3º - A lei estabelecerá incentivos para a produção e o conhecimento de bens e valores culturais.

§ 4º - Os danos e ameaças ao patrimônio cultural serão punidos, na forma da lei.

§ 5º - Ficam tombados todos os documentos e os sítios detentores de reminiscências históricas dos antigos quilombos.

CAPÍTULO IV

DA CIÊNCIA E TECNOLOGIA

Art. 218. O Estado promoverá e incentivará o desenvolvimento científico, a pesquisa e a capacitação tecnológicas.

§ 1º - A pesquisa científica básica receberá tratamento prioritário do Estado, tendo em vista o bem público e o progresso das ciências.

§ 2º - A pesquisa tecnológica voltar-se-á preponderantemente para a solução dos problemas brasileiros e para o desenvolvimento do sistema produtivo nacional e regional.

§ 3º - O Estado apoiará a formação de recursos humanos nas áreas de ciência, pesquisa e tecnologia, e concederá aos que delas se ocupem meios e condições especiais de trabalho.

§ 4º - A lei apoiará e estimulará as empresas que invistam em pesquisa, criação de tecnologia adequada ao País, formação e aperfeiçoamento de seus recursos humanos e que pratiquem sistemas de remuneração que assegurem ao empregado, desvinculada do salário, participação nos ganhos econômicos resultantes da produtividade de seu trabalho.

§ 5º - É facultado aos Estados e ao Distrito Federal vincular parcela de sua receita orçamentária a entidades públicas de fomento ao ensino e à pesquisa científica e tecnológica.

Art. 219. O mercado interno integra o patrimônio nacional e será incentivado de modo a viabilizar o desenvolvimento cultural e sócio-econômico, o bem-estar da população e a autonomia tecnológica do País, nos termos de lei federal.

TÍTULO IX

DAS DISPOSIÇÕES CONSTITUCIONAIS GERAIS

Art. 242. O princípio do art. 206, IV, não se aplica às instituições educacionais oficiais criadas por lei estadual ou municipal e existentes na data da promulgação desta Constituição, que não sejam total ou preponderantemente mantidas com recursos públicos.

§ 1º - O ensino da História do Brasil levará em conta as contribuições das diferentes culturas e etnias para a formação do povo brasileiro.

§ 2º - O Colégio Pedro II, localizado na cidade do Rio de Janeiro, será mantido na órbita federal.

ATO DAS DISPOSIÇÕES

CONSTITUCIONAIS TRANSITÓRIAS

Art. 60. Nos dez primeiros anos da promulgação desta Emenda, os Estados, o Distrito Federal e os Municípios destinarão não menos de sessenta por cento dos recursos a que se refere o caput do art. 212 da Constituição Federal, à manutenção e ao desenvolvimento do ensino fundamental, com o objetivo de assegurar a universalização de seu atendimento e a remuneração condigna do magistério.

§ 1º A distribuição de responsabilidades e recursos entre os Estados e seus Municípios a ser concretizada com parte dos recursos definidos neste artigo, na forma do disposto no art. 211 da Constituição Federal, é assegurada mediante a criação, no âmbito de cada Estado e do Distrito Federal, de um Fundo de Manutenção e Desenvolvimento do Ensino Fundamental e de Valorização do Magistério, de natureza contábil.

§ 2º O Fundo referido no parágrafo anterior será constituído por, pelo menos, quinze por cento dos recursos a que se referem os arts. 155, inciso II; 158, inciso IV; e 159, inciso I, alíneas "a" e "b"; e inciso II, da Constituição Federal, e será distribuído entre cada Estado e seus Municípios, proporcionalmente ao número de alunos nas respectivas redes de ensino fundamental.

§ 3º A União complementará os recursos dos Fundos a que se refere o § 1º, sempre que, em cada Estado e no Distrito Federal, seu valor por aluno não alcançar o mínimo definido nacionalmente.

§ 4º A União, os Estados, o Distrito Federal e os Municípios ajustarão progressivamente, em um prazo de cinco anos, suas contribuições ao Fundo, de forma a garantir um valor por aluno correspondente a um padrão mínimo de qualidade de ensino, definido nacionalmente.

§ 5º Uma proporção não inferior a sessenta por cento dos recursos de cada Fundo referido no § 1º será destinada ao pagamento dos professores do ensino fundamental em efetivo exercício no magistério.

§ 6º A União aplicará na erradicação do analfabetismo e na manutenção e no desenvolvimento do ensino fundamental, inclusive na complementação a que se refere o § 3º, nunca menos que o equivalente a trinta por cento dos recursos a que se refere o caput do art. 212 da Constituição Federal.

§ 7º A lei disporá sobre a organização dos Fundos, a distribuição proporcional de seus recursos, sua fiscalização e controle, bem como sobre a forma de cálculo do valor mínimo nacional por aluno. (Redação dada ao artigo pela Emenda Constitucional nº 14, de 13.09.1996.)

Art. 61. As entidades educacionais a que se refere o art. 213, bem como as fundações de ensino e pesquisa cuja criação tenha sido autorizada por lei, que preencham os requisitos dos incisos I e II do referido artigo e que, nos últimos três anos, tenham recebido recursos públicos, poderão continuar a recebê-los, salvo disposição legal em contrário.

Art. 62. A lei criará o Serviço Nacional de Aprendizagem Rural (SENAR) nos moldes da legislação relativa ao Serviço Nacional de Aprendizagem Industrial (SENAI) e ao Serviço Nacional de Aprendizagem do Comércio (SENAC), sem prejuízo das atribuições dos órgãos públicos que atuam na área.

Anexo 2

Lei de Diretrizes e Bases da Educação

Regulamentado por - Decreto nº 2.561, de 27 de abril de 1998, parágrafo 1º, art. 80.
Regulamentado por - Decreto nº 2.207, de 15 de abril de 1997; as disposições contidas nos art. 19, 20, 45, 46 e § 1º, 52, parágrafo único, 54 e 88.
Regulamentado por - Decreto nº 2.494, de 10 de fevereiro de 1998; o art. 80
Regulamentado por - Decreto nº 2.208, de 17 de abril de 1997; o § 2º do art.36 e os arts. 39 a 42.
Regulamentado por - Decreto nº 2.264, de 27 de junho de 1997.

LEI nº 9.394, de 20 de Dezembro de 1996

Lei de Diretrizes e Bases da Educação

(DOU, 23 de dezembro de 1996 - Seção 1 - Página 27839)

Estabelece as diretrizes e bases da educação nacional

Título I

Da Educação

Art. 1º A educação abrange os processos formativos que se desenvolvem na vida familiar, na convivência humana, no trabalho, nas instituições de ensino e pesquisa, nos movimentos sociais e organizações da sociedade civil e nas manifestações culturais.

§ 1º Esta Lei disciplina a educação escolar, que se desenvolve, predominantemente, por meio do ensino, em instituições próprias.

§ 2º A educação escolar deverá vincular-se ao mundo do trabalho e à prática social.

Título II

Dos Princípios e Fins da Educação Nacional

Art. 2º A educação, dever da família e do Estado, inspirada nos princípios de liberdade e nos ideais de solidariedade humana, tem por finalidade o pleno desenvolvimento do educando, seu preparo para o exercício da cidadania e sua qualificação para o trabalho.

Art. 3º O ensino será ministrado com base nos seguintes princípios:

I - igualdade de condições para o acesso e permanência na escola;

II - liberdade de aprender, ensinar, pesquisar e divulgar a cultura, o pensamento, a arte e o saber;

III - pluralismo de idéias e de concepções pedagógicas;

IV - respeito à liberdade e apreço à tolerância;

V - coexistência de instituições públicas e privadas de ensino;

VI - gratuidade do ensino público em estabelecimentos oficiais;

VII - valorização do profissional da educação escolar;

VIII - gestão democrática do ensino público, na forma desta Lei e da legislação dos sistemas de ensino;

IX - garantia de padrão de qualidade;

X - valorização da experiência extra-escolar;

XI - vinculação entre a educação escolar, o trabalho e as práticas sociais.

Título III

Do Direito à Educação e do Dever de Educar

Art. 4º O dever do Estado com educação escolar pública será efetivado mediante a garantia de:

I - ensino fundamental, obrigatório e gratuito, inclusive para os que a ele não tiveram acesso na idade própria;

II - progressiva extensão da obrigatoriedade e gratuidade ao ensino médio;

III - atendimento educacional especializado gratuito aos educandos com necessidades especiais, preferencialmente na rede regular de ensino;

IV - atendimento gratuito em creches e pré-escolas às crianças de zero a seis anos de idade;

V - acesso aos níveis mais elevados do ensino, da pesquisa e da criação artística, segundo a capacidade de cada um;

VI - oferta de ensino noturno regular, adequado às condições do educando;

VII - oferta de educação escolar regular para jovens e adultos, com características e modalidades adequadas às suas necessidades e disponibilidades, garantindo-se aos que forem trabalhadores as condições de acesso e permanência na escola;

VIII - atendimento ao educando, no ensino fundamental público, por meio de programas suplementares de material didático-escolar, transporte, alimentação e assistência à saúde;

IX - padrões mínimos de qualidade de ensino, definidos como a variedade e quantidade mínimas, por aluno, de insumos indispensáveis ao desenvolvimento do processo de ensino-aprendizagem.

Art. 5º O acesso ao ensino fundamental é direito público subjetivo, podendo qualquer cidadão, grupo de cidadãos, associação comunitária, organização sindical, entidade de classe ou outra legalmente constituída, e, ainda, o Ministério Público, acionar o Poder Público para exigi-lo.

§ 1º Compete aos Estados e aos Municípios, em regime de colaboração, e com a assistência da União:

I - recensear a população em idade escolar para o ensino fundamental, e os jovens e adultos que a ele não tiveram acesso;

II - fazer-lhes a chamada pública;

III - zelar, junto aos pais ou responsáveis, pela freqüência à escola.

§ 2º Em todas as esferas administrativas, o Poder Público assegurará em primeiro lugar o acesso ao ensino obrigatório, nos termos deste artigo, contemplando em seguida os demais níveis e modalidades de ensino, conforme as prioridades constitucionais e legais.

§ 3º Qualquer das partes mencionadas no caput deste artigo tem legitimidade para peticionar no Poder Judiciário, na hipótese do § 2º do art. 208 da Constituição Federal, sendo gratuita e de rito sumário a ação judicial correspondente.

§ 4º Comprovada a negligência da autoridade competente para garantir o oferecimento do ensino obrigatório, poderá ela ser imputada por crime de responsabilidade.

§ 5º Para garantir o cumprimento da obrigatoriedade de ensino, o Poder Público criará formas alternativas de acesso aos diferentes níveis de ensino, independentemente da escolarização anterior.

Art. 6º É dever dos pais ou responsáveis efetuar a matrícula dos menores, a partir dos sete anos de idade, no ensino fundamental.

Art. 7º O ensino é livre à iniciativa privada, atendidas as seguintes condições:

I - cumprimento das normas gerais da educação nacional e do respectivo sistema de ensino;

II - autorização de funcionamento e avaliação de qualidade pelo Poder Público;

III - capacidade de autofinanciamento, ressalvado o previsto no art. 213 da Constituição Federal.

Título IV

Da Organização da Educação Nacional

Art. 8º A União, os Estados, o Distrito Federal e os Municípios organizarão, em regime de colaboração, os respectivos sistemas de ensino.

§ 1º Caberá à União a coordenação da política nacional de educação, articulando os diferentes níveis e sistemas e exercendo função normativa, redistributiva e supletiva em relação às demais instâncias educacionais.

§ 2º Os sistemas de ensino terão liberdade de organização nos termos desta Lei.

Art. 9º A União incumbir-se-á de:

I - elaborar o Plano Nacional de Educação, em colaboração com os Estados, o Distrito Federal e os Municípios;

II - organizar, manter e desenvolver os órgãos e instituições oficiais do sistema federal de ensino e o dos Territórios;

III -prestar assistência técnica e financeira aos Estados, ao Distrito Federal e aos Municípios para o desenvolvimento de seus sistemas de ensino e o atendimento prioritário à escolaridade obrigatória, exercendo sua função redistributiva e supletiva;

IV - estabelecer, em colaboração com os Estados, o Distrito Federal e os Municípios, competências e diretrizes para a educação infantil, o ensino fundamental e o ensino médio, que nortearão os currículos e seus conteúdos mínimos, de modo a assegurar formação básica comum;

V - coletar, analisar e disseminar informações sobre a educação;

VI - assegurar processo nacional de avaliação do rendimento escolar no ensino fundamental, médio e superior, em colaboração com os sistemas de ensino, objetivando a definição de prioridades e a melhoria da qualidade do ensino;
VII - baixar normas gerais sobre cursos de graduação e pós-graduação;
VIII - assegurar processo nacional de avaliação das instituições de educação superior, com a cooperação dos sistemas que tiverem responsabilidade sobre este nível de ensino;
IX - autorizar, reconhecer, credenciar, supervisionar e avaliar, respectivamente, os cursos das instituições de educação superior e os estabelecimentos do seu sistema de ensino.
§ 1º Na estrutura educacional, haverá um Conselho Nacional de Educação, com funções normativas e de supervisão e atividade permanente, criado por lei.
§ 2º Para o cumprimento do disposto nos incisos V a IX, a União terá acesso a todos os dados e informações necessários de todos os estabelecimentos e órgãos educacionais.
§ 3º As atribuições constantes do inciso IX poderão ser delegadas aos Estados e ao Distrito Federal, desde que mantenham instituições de educação superior.
Art. 10. Os Estados incumbir-se-ão de:
I - organizar, manter e desenvolver os órgãos e instituições oficiais dos seus sistemas de ensino;
II - definir, com os Municípios, formas de colaboração na oferta do ensino fundamental, as quais devem assegurar a distribuição proporcional das responsabilidades, de acordo com a população a ser atendida e os recursos financeiros disponíveis em cada uma dessas esferas do Poder Público;

III - elaborar e executar políticas e planos educacionais, em consonância com as diretrizes e planos nacionais de educação, integrando e coordenando as suas ações e as dos seus Municípios;
IV - autorizar, reconhecer, credenciar, supervisionar e avaliar, respectivamente, os cursos das instituições de educação superior e os estabelecimentos do seu sistema de ensino;
V - baixar normas complementares para o seu sistema de ensino;
VI - assegurar o ensino fundamental e oferecer, com prioridade, o ensino médio.
Parágrafo único. Ao Distrito Federal aplicar-se-ão as competências referentes aos Estados e aos Municípios.
Art. 11. Os Municípios incumbir-se-ão de:
I - organizar, manter e desenvolver os órgãos e instituições oficiais dos seus sistemas de ensino, integrando-os às políticas e planos educacionais da União e dos Estados;
II - exercer ação redistributiva em relação às suas escolas;
III - baixar normas complementares para o seu sistema de ensino;
IV - autorizar, credenciar e supervisionar os estabelecimentos do seu sistema de ensino;
V - oferecer a educação infantil em creches e pré-escolas, e, com prioridade, o ensino fundamental, permitida a atuação em outros níveis de ensino somente quando estiverem atendidas plenamente as necessidades de sua área de competência e com recursos acima dos percentuais mínimos vinculados pela Constituição Federal à manutenção e desenvolvimento do ensino.

Parágrafo único. Os Municípios poderão optar, ainda, por se integrar ao sistema estadual de ensino ou compor com ele um sistema único de educação básica.

Art. 12. Os estabelecimentos de ensino, respeitadas as normas comuns e as do seu sistema de ensino, terão a incumbência de:

I - elaborar e executar sua proposta pedagógica;

II - administrar seu pessoal e seus recursos materiais e financeiros;

III - assegurar o cumprimento dos dias letivos e horas-aula estabelecidas;

IV - velar pelo cumprimento do plano de trabalho de cada docente;

V - prover meios para a recuperação dos alunos de menor rendimento;

VI - articular-se com as famílias e a comunidade, criando processos de integração da sociedade com a escola;

VII - informar os pais e responsáveis sobre a freqüência e o rendimento dos alunos, bem como sobre a execução de sua proposta pedagógica.

Art. 13. Os docentes incumbir-se-ão de:

I - participar da elaboração da proposta pedagógica do estabelecimento de ensino;

II - elaborar e cumprir plano de trabalho, segundo a proposta pedagógica do estabelecimento de ensino;

III - zelar pela aprendizagem dos alunos;

IV - estabelecer estratégias de recuperação para os alunos de menor rendimento;

V - ministrar os dias letivos e horas-aula estabelecidos, além de participar integralmente dos períodos dedicados ao planejamento, à avaliação e ao desenvolvimento profissional;

VI - colaborar com as atividades de articulação da escola com as famílias e a comunidade.

Art. 14. Os sistemas de ensino definirão as normas da gestão democrática do ensino público na educação básica, de acordo com as suas peculiaridades e conforme os seguintes princípios:

I - participação dos profissionais da educação na elaboração do projeto pedagógico da escola;

II - participação das comunidades escolar e local em conselhos escolares ou equivalentes.

Art. 15. Os sistemas de ensino assegurarão às unidades escolares públicas de educação básica que os integram progressivos graus de autonomia pedagógica e administrativa e de gestão financeira, observadas as normas gerais de direito financeiro público.

Art. 16. O sistema federal de ensino compreende:

I - as instituições de ensino mantidas pela União;

II - as instituições de educação superior criadas e mantidas pela iniciativa privada;

III - os órgãos federais de educação.

Art. 17. Os sistemas de ensino dos Estados e do Distrito Federal compreendem:

I - as instituições de ensino mantidas, respectivamente, pelo Poder Público estadual e pelo Distrito Federal;

II - as instituições de educação superior mantidas pelo Poder Público municipal;

III - as instituições de ensino fundamental e médio criadas e mantidas pela iniciativa privada;

IV - os órgãos de educação estaduais e do Distrito Federal, respectivamente.

Parágrafo único. No Distrito Federal, as instituições de educação infantil, criadas e mantidas pela iniciativa privada, integram seu sistema de ensino.

Art. 18. Os sistemas municipais de ensino compreendem:

I - as instituições do ensino fundamental, médio e de educação infantil mantidas pelo Poder Público municipal;

II - as instituições de educação infantil criadas e mantidas pela iniciativa privada;

III - os órgãos municipais de educação.

Art. 19. As instituições de ensino dos diferentes níveis classificam-se nas seguintes categorias administrativas:

I - públicas, assim entendidas as criadas ou incorporadas, mantidas e administradas pelo Poder Público;

II - privadas, assim entendidas as mantidas e administradas por pessoas físicas ou jurídicas de direito privado.

Art. 20. As instituições privadas de ensino se enquadrarão nas seguintes categorias:

I - particulares em sentido estrito, assim entendidas as que são instituídas e mantidas por uma ou mais pessoas físicas ou jurídicas de direito privado que não apresentem as características dos incisos abaixo;

II - comunitárias, assim entendidas as que são instituídas por grupos de pessoas físicas ou por uma ou mais pessoas jurídicas, inclusive cooperativas de professores e alunos que incluam na sua entidade mantenedora representantes da comunidade;

III - confessionais, assim entendidas as que são instituídas por grupos de pessoas físicas ou por uma ou mais pessoas

jurídicas que atendem a orientação confessional e ideologia específicas e ao disposto no inciso anterior;
IV - filantrópicas, na forma da lei.

Título V

Dos Níveis e das Modalidades de Educação e Ensino

Capítulo I

Da Composição dos Níveis Escolares

Art. 21. A educação escolar compõe-se de:
I - educação básica, formada pela educação infantil, ensino fundamental e ensino médio;
II - educação superior.

Capítulo II

Da Educação Básica

Seção I
Das Disposições Gerais
Art. 22. A educação básica tem por finalidades desenvolver o educando, assegurar-lhe a formação comum indispensável para o exercício da cidadania e fornecer-lhe meios para progredir no trabalho e em estudos posteriores.
Art. 23. A educação básica poderá organizar-se em séries anuais, períodos semestrais, ciclos, alternância regular de períodos de estudos, grupos não-seriados, com base na idade, na competência e em outros critérios, ou por forma diversa de organização, sempre que o interesse do processo de aprendizagem assim o recomendar.

§ 1º A escola poderá reclassificar os alunos, inclusive quando se tratar de transferências entre estabelecimentos situados no País e no exterior, tendo como base as normas curriculares gerais.

§ 2º O calendário escolar deverá adequar-se às peculiaridades locais, inclusive climáticas e econômicas, a critério do respectivo sistema de ensino, sem com isso reduzir o número de horas letivas previsto nesta Lei.

Art. 24. A educação básica, nos níveis fundamental e médio, será organizada de acordo com as seguintes regras comuns:

I - a carga horária mínima anual será de oitocentas horas, distribuídas por um mínimo de duzentos dias de efetivo trabalho escolar, excluído o tempo reservado aos exames finais, quando houver;

II - a classificação em qualquer série ou etapa, exceto a primeira do ensino fundamental, pode ser feita:

a) por promoção, para alunos que cursaram, com aproveitamento, a série ou fase anterior, na própria escola;

b) por transferência, para candidatos procedentes de outras escolas;

c) independentemente de escolarização anterior, mediante avaliação feita pela escola, que defina o grau de desenvolvimento e experiência do candidato e permita sua inscrição na série ou etapa adequada, conforme regulamentação do respectivo sistema de ensino;

III - nos estabelecimentos que adotam a progressão regular por série, o regimento escolar pode admitir formas de progressão parcial, desde que preservada a seqüência do currículo, observadas as normas do respectivo sistema de ensino;

IV - poderão organizar-se classes, ou turmas, com alunos

de séries distintas, com níveis equivalentes de adiantamento na matéria, para o ensino de línguas estrangeiras, artes, ou outros componentes curriculares;

V - a verificação do rendimento escolar observará os seguintes critérios:

a) avaliação contínua e cumulativa do desempenho do aluno, com prevalência dos aspectos qualitativos sobre os quantitativos e dos resultados ao longo do período sobre os de eventuais provas finais;

b) possibilidade de aceleração de estudos para alunos com atraso escolar;

c) possibilidade de avanço nos cursos e nas séries mediante verificação do aprendizado;

d) aproveitamento de estudos concluídos com êxito;

e) obrigatoriedade de estudos de recuperação, de preferência paralelos ao período letivo, para os casos de baixo rendimento escolar, a serem disciplinados pelas instituições de ensino em seus regimentos;

VI - o controle de freqüência fica a cargo da escola, conforme o disposto no seu regimento e nas normas do respectivo sistema de ensino, exigida a freqüência mínima de setenta e cinco por cento do total de horas letivas para aprovação;

VII - cabe a cada instituição de ensino expedir históricos escolares, declarações de conclusão de série e diplomas ou certificados de conclusão de cursos, com as especificações cabíveis.

Art. 25. Será objetivo permanente das autoridades responsáveis alcançar relação adequada entre o número de alunos e o professor, a carga horária e as condições materiais do estabelecimento.

Parágrafo único. Cabe ao respectivo sistema de ensino, à vista das condições disponíveis e das características regionais e locais, estabelecer parâmetro para atendimento do disposto neste artigo.

Art. 26. Os currículos do ensino fundamental e médio devem ter uma base nacional comum, a ser complementada, em cada sistema de ensino e estabelecimento escolar, por uma parte diversificada, exigida pelas características regionais e locais da sociedade, da cultura, da economia e da clientela.

§ 1º Os currículos a que se refere o caput devem abranger, obrigatoriamente, o estudo da língua portuguesa e da matemática, o conhecimento do mundo físico e natural e da realidade social e política, especialmente do Brasil.

§ 2º O ensino da arte constituirá componente curricular obrigatório, nos diversos níveis da educação básica, de forma a promover o desenvolvimento cultural dos alunos.

§ 3º A educação física, integrada à proposta pedagógica da escola, é componente curricular da Educação Básica, ajustando-se às faixas etárias e às condições da população escolar, sendo facultativa nos cursos noturnos.

§ 4º O ensino da História do Brasil levará em conta as contribuições das diferentes culturas e etnias para a formação do povo brasileiro, especialmente das matrizes indígena, africana e européia.

§ 5º Na parte diversificada do currículo será incluído, obrigatoriamente, a partir da quinta série, o ensino de pelo menos uma língua estrangeira moderna, cuja escolha ficará a cargo da comunidade escolar, dentro das possibilidades da instituição.

Art. 27. Os conteúdos curriculares da educação básica observarão, ainda, as seguintes diretrizes:
I - a difusão de valores fundamentais ao interesse social, aos direitos e deveres dos cidadãos, de respeito ao bem comum e à ordem democrática;
II - consideração das condições de escolaridade dos alunos em cada estabelecimento;
III - orientação para o trabalho;
IV - promoção do desporto educacional e apoio às práticas desportivas não-formais.
Art. 28. Na oferta de educação básica para a população rural, os sistemas de ensino promoverão as adaptações necessárias à sua adequação às peculiaridades da vida rural e de cada região, especialmente:
I - conteúdos curriculares e metodologias apropriadas às reais necessidades e interesses dos alunos da zona rural;
II - organização escolar própria, incluindo adequação do calendário escolar às fases do ciclo agrícola e às condições climáticas;
III - adequação à natureza do trabalho na zona rural.
Seção II
Da Educação Infantil
Art. 29. A educação infantil, primeira etapa da educação básica, tem como finalidade o desenvolvimento integral da criança até seis anos de idade, em seus aspectos físico, psicológico, intelectual e social, complementando a ação da família e da comunidade.
Art. 30. A educação infantil será oferecida em:
I - creches, ou entidades equivalentes, para crianças de até três anos de idade;

II - pré-escolas, para as crianças de quatro a seis anos de idade.

Art. 31. Na educação infantil a avaliação far-se-á mediante acompanhamento e registro do seu desenvolvimento, sem o objetivo de promoção, mesmo para o acesso ao ensino fundamental.

Seção III

Do Ensino Fundamental

Art. 32. O ensino fundamental, com duração mínima de oito anos, obrigatório e gratuito na escola pública, terá por objetivo a formação básica do cidadão, mediante:

I - o desenvolvimento da capacidade de aprender, tendo como meios básicos o pleno domínio da leitura, da escrita e do cálculo;

II - a compreensão do ambiente natural e social, do sistema político, da tecnologia, das artes e dos valores em que se fundamenta a sociedade;

III - o desenvolvimento da capacidade de aprendizagem, tendo em vista a aquisição de conhecimentos e habilidades e a formação de atitudes e valores;

IV - o fortalecimento dos vínculos de família, dos laços de solidariedade humana e de tolerância recíproca em que se assenta a vida social.

§ 1º É facultado aos sistemas de ensino desdobrar o ensino fundamental em ciclos.

§ 2º Os estabelecimentos que utilizam progressão regular por série podem adotar no ensino fundamental o regime de progressão continuada, sem prejuízo da avaliação do processo de ensino-aprendizagem, observadas as normas do respectivo sistema de ensino.

§ 3º O ensino fundamental regular será ministrado em língua portuguesa, assegurada às comunidades indígenas a utilização de suas línguas maternas e processos próprios de aprendizagem.

§ 4º O ensino fundamental será presencial, sendo o ensino a distância utilizado como complementação da aprendizagem ou em situações emergenciais.

Art. 33. O ensino religioso, de matrícula facultativa, constitui disciplina dos horários normais das escolas públicas de ensino fundamental, sendo oferecido, sem ônus para os cofres públicos, de acordo com as preferências manifestadas pelos alunos ou por seus responsáveis, em caráter:

Alterado por - Lei nº 9.475, de 22 de julho de 1997

I - confessional, de acordo com a opção religiosa do aluno ou do seu responsável, ministrado por professores ou orientadores religiosos preparados e credenciados pelas respectivas igrejas ou entidades religiosas; ou

II - interconfessional, resultante de acordo entre as diversas entidades religiosas, que se responsabilizarão pela elaboração do respectivo programa.

Art. 34. A jornada escolar no ensino fundamental incluirá pelo menos quatro horas de trabalho efetivo em sala de aula, sendo progressivamente ampliado o período de permanência na escola.

§ 1º São ressalvados os casos do ensino noturno e das formas alternativas de organização autorizadas nesta Lei.

§ 2º O ensino fundamental será ministrado progressivamente em tempo integral, a critério dos sistemas de ensino.

Seção IV

Do Ensino Médio

Art. 35. O ensino médio, etapa final da educação básica, com duração mínima de três anos, terá como finalidades:

I - a consolidação e o aprofundamento dos conhecimentos adquiridos no ensino fundamental, possibilitando o prosseguimento de estudos;

II - a preparação básica para o trabalho e a cidadania do educando, para continuar aprendendo, de modo a ser capaz de se adaptar com flexibilidade a novas condições de ocupação ou aperfeiçoamento posteriores;

III - o aprimoramento do educando como pessoa humana, incluindo a formação ética e o desenvolvimento da autonomia intelectual e do pensamento crítico;

IV - a compreensão dos fundamentos científico-tecnológicos dos processos produtivos, relacionando a teoria com a prática, no ensino de cada disciplina.

Art. 36. O currículo do ensino médio observará o disposto na Seção I deste Capítulo e as seguintes diretrizes:

I - destacará a educação tecnológica básica, a compreensão do significado da ciência, das letras e das artes; o processo histórico de transformação da sociedade e da cultura; a língua portuguesa como instrumento de comunicação, acesso ao conhecimento e exercício da cidadania;

II - adotará metodologias de ensino e de avaliação que estimulem a iniciativa dos estudantes;

III - será incluída uma língua estrangeira moderna, como disciplina obrigatória, escolhida pela comunidade escolar, e uma segunda, em caráter optativo, dentro das disponibilidades da instituição.

§ 1º Os conteúdos, as metodologias e as formas de avaliação serão organizados de tal forma que ao final do ensino médio o educando demonstre:

I - domínio dos princípios científicos e tecnológicos que presidem a produção moderna;

II - conhecimento das formas contemporâneas de linguagem;

III - domínio dos conhecimentos de Filosofia e de Sociologia necessários ao exercício da cidadania.

§ 2º O ensino médio, atendida a formação geral do educando, poderá prepará-lo para o exercício de profissões técnicas.

§ 3º Os cursos do ensino médio terão equivalência legal e habilitarão ao prosseguimento de estudos.

§ 4º A preparação geral para o trabalho e, facultativamente, a habilitação profissional, poderão ser desenvolvidas nos próprios estabelecimentos de ensino médio ou em cooperação com instituições especializadas em educação profissional.

Seção V

Da Educação de Jovens e Adultos

Art. 37. A educação de jovens e adultos será destinada àqueles que não tiveram acesso ou continuidade de estudos no ensino fundamental e médio na idade própria.

§ 1º Os sistemas de ensino assegurarão gratuitamente aos jovens e aos adultos, que não puderam efetuar os estudos na idade regular, oportunidades educacionais apropriadas, consideradas as características do alunado, seus interesses, condições de vida e de trabalho, mediante cursos e exames.

§ 2º O Poder Público viabilizará e estimulará o acesso e a permanência do trabalhador na escola, mediante ações integradas e complementares entre si.

Art. 38. Os sistemas de ensino manterão cursos e exames supletivos, que compreenderão a base nacional comum do currículo, habilitando ao prosseguimento de estudos em caráter regular.

§ 1º Os exames a que se refere este artigo realizar-se-ão:

I - no nível de conclusão do ensino fundamental, para os maiores de quinze anos;

II - no nível de conclusão do ensino médio, para os maiores de dezoito anos.

§ 2º Os conhecimentos e habilidades adquiridos pelos educandos por meios informais serão aferidos e reconhecidos mediante exames.

Capítulo III

Da Educação Profissional

Art. 39. A educação profissional, integrada às diferentes formas de educação, ao trabalho, à ciência e à tecnologia, conduz ao permanente desenvolvimento de aptidões para a vida produtiva.

Regulamentado por - Portaria nº 646, de 14 de maio de 1997 (artigos de 39 a 42)

Parágrafo único. O aluno matriculado ou egresso do ensino fundamental, médio e superior, bem como o trabalhador em geral, jovem ou adulto, contará com a possibilidade de acesso à educação profissional.

Art. 40. A educação profissional será desenvolvida em articulação com o ensino regular ou por diferentes estratégias de educação continuada, em instituições especializadas ou no ambiente de trabalho.

Art. 41. O conhecimento adquirido na educação profissional, inclusive no trabalho, poderá ser objeto de avaliação, reconhecimento e certificação para prosseguimento ou conclusão de estudos.

Parágrafo único. Os diplomas de cursos de educação profissional de nível médio, quando registrados, terão validade nacional.

Art. 42. As escolas técnicas e profissionais, além dos seus cursos regulares, oferecerão cursos especiais, abertos à comunidade, condicionada a matrícula à capacidade de aproveitamento e não necessariamente ao nível de escolaridade.

Capítulo IV

Da Educação Superior

Art. 43. A educação superior tem por finalidade:

I - estimular a criação cultural e o desenvolvimento do espírito científico e do pensamento reflexivo;

II - formar diplomados nas diferentes áreas de conhecimentos, aptos para a inserção em setores profissionais e para a participação no desenvolvimento da sociedade brasileira, e colaborar na sua formação contínua;

III - incentivar o trabalho de pesquisa e investigação científica, visando o desenvolvimento da ciência e da tecnologia e da criação e difusão da cultura, e, desse modo, desenvolver o entendimento do homem e do meio em que vive;

IV - promover a divulgação de conhecimentos culturais, científicos e técnicos que constituem patrimônio da humanidade e comunicar o saber através do ensino, de publicações ou de outras formas de comunicação;

V - suscitar o desejo permanente de aperfeiçoamento cultural e profissional e possibilitar a correspondente concretização, integrando os conhecimentos que vão sendo adquiridos numa estrutura intelectual sistematizadora do conhecimento de cada geração;

VI - estimular o conhecimento dos problemas do mundo presente, em particular os nacionais e regionais, prestar serviços especializados à comunidade e estabelecer com esta uma relação de reciprocidade;

VI - promover a extensão, aberta à participação da população, visando à difusão das conquistas e benefícios resultantes da criação cultural e da pesquisa científica e tecnológica geradas na instituição.

Art. 44. A educação superior abrangerá os seguintes cursos e programas:

I - cursos sequenciais por campo de saber, de diferentes níveis de abrangência, abertos a candidatos que atendam aos requisitos estabelecidos pelas instituições de ensino;

II - de graduação, abertos a candidatos que tenham concluído o ensino médio ou equivalente e tenham sido classificados em processo seletivo;

III - de pós-graduação, compreendendo programas de mestrado e doutorado, cursos de especialização, aperfeiçoamento e outros, abertos a candidatos diplomados em cursos de graduação e que atendam às exigências das instituições de ensino;

IV - de extensão, abertos a candidatos que atendam aos requisitos estabelecidos em cada caso pelas instituições de ensino.

Art. 45. A educação superior será ministrada em instituições de ensino superior, públicas ou privadas, com variados graus de abrangência ou especialização.

Art. 46. A autorização e o reconhecimento de cursos, bem como o credenciamento de instituições de educação superior, terão prazos limitados, sendo renovados, periodicamente, após processo regular de avaliação.

§ 1º Após um prazo para saneamento de deficiências eventualmente identificadas pela avaliação a que se refere este artigo, haverá reavaliação, que poderá resultar, conforme o caso, em desativação de cursos e habilitações, em intervenção na instituição, em suspensão temporária de prerrogativas da autonomia, ou em descredenciamento.

§ 2º No caso de instituição pública, o Poder Executivo responsável por sua manutenção acompanhará o processo de saneamento e fornecerá recursos adicionais, se necessários, para a superação das deficiências.

Art. 47. Na educação superior, o ano letivo regular, independente do ano civil, tem, no mínimo, duzentos dias de trabalho acadêmico efetivo, excluído o tempo reservado aos exames finais, quando houver.

§ 1º As instituições informarão aos interessados, antes de cada período letivo, os programas dos cursos e demais componentes curriculares, sua duração, requisitos, qualificação dos professores, recursos disponíveis e critérios de avaliação, obrigando-se a cumprir as respectivas condições.

§ 2º Os alunos que tenham extraordinário aproveitamento nos estudos, demonstrado por meio de provas e outros instrumentos de avaliação específicos, aplicados por banca examinadora especial, poderão ter abreviada a duração dos seus cursos, de acordo com as normas dos sistemas de ensino.

§ 3º É obrigatória a freqüência de alunos e professores, salvo nos programas de educação a distância.

§ 4º As instituições de educação superior oferecerão, no período noturno, cursos de graduação nos mesmos padrões de qualidade mantidos no período diurno, sendo obrigatória a oferta noturna nas instituições públicas, garantida a necessária previsão orçamentária.

Art. 48. Os diplomas de cursos superiores reconhecidos, quando registrados, terão validade nacional como prova da formação recebida por seu titular.

§ 1º Os diplomas expedidos pelas universidades serão por elas próprias registrados, e aqueles conferidos por instituições não-universitárias serão registrados em universidades indicadas pelo Conselho Nacional de Educação.

§ 2º Os diplomas de graduação expedidos por universidades estrangeiras serão revalidados por universidades públicas que tenham curso do mesmo nível e área ou equivalente, respeitando-se os acordos internacionais de reciprocidade ou equiparação.

§ 3º Os diplomas de Mestrado e de Doutorado expedidos por universidades estrangeiras só poderão ser reconhecidos por universidades que possuam cursos de pós-graduação reconhecidos e avaliados, na mesma área de conhecimento e em nível equivalente ou superior.

Art. 49. As instituições de educação superior aceitarão a transferência de alunos regulares, para cursos afins, na hipótese de existência de vagas, e mediante processo seletivo.

Parágrafo único. As transferências ex officio dar-se-ão na forma da lei.

Regulamentada por - Lei nº 9.536, de 11 de dezembro de 1997

Art. 50. As instituições de educação superior, quando da ocorrência de vagas, abrirão matrícula nas disciplinas de seus cursos a alunos não regulares que demonstrem capacidade de cursá-las com proveito, mediante processo seletivo prévio.

Art. 51. As instituições de educação superior credenciadas como universidades, ao deliberar sobre critérios e normas de seleção e admissão de estudantes, levarão em conta os efeitos desses critérios sobre a orientação do ensino médio, articulando-se com os órgãos normativos dos sistemas de ensino.

Art. 52. As universidades são instituições pluridisciplinares de formação dos quadros profissionais de nível superior, de pesquisa, de extensão e de domínio e cultivo do saber humano, que se caracterizam por:

I - produção intelectual institucionalizada mediante o estudo sistemático dos temas e problemas mais relevantes, tanto do ponto de vista científico e cultural, quanto regional e nacional;

II - um terço do corpo docente, pelo menos, com titulação acadêmica de mestrado ou doutorado;

III - um terço do corpo docente em regime de tempo integral.

Parágrafo único. É facultada a criação de universidades especializadas por campo do saber.

Art. 53. No exercício de sua autonomia, são asseguradas às universidades, sem prejuízo de outras, as seguintes atribuições:

I - criar, organizar e extinguir, em sua sede, cursos e programas de educação superior previstos nesta Lei, obedecendo às normas gerais da União e, quando for o caso, do respectivo sistema de ensino;

II - fixar os currículos dos seus cursos e programas, observadas as diretrizes gerais pertinentes;

III - estabelecer planos, programas e projetos de pesquisa

científica, produção artística e atividades de extensão;
IV - fixar o número de vagas de acordo com a capacidade institucional e as exigências do seu meio;
V - elaborar e reformar os seus estatutos e regimentos em consonância com as normas gerais atinentes;
VI - conferir graus, diplomas e outros títulos;
VII - firmar contratos, acordos e convênios;
VIII - aprovar e executar planos, programas e projetos de investimentos referentes a obras, serviços e aquisições em geral, bem como administrar rendimentos conforme dispositivos institucionais;
IX - administrar os rendimentos e deles dispor na forma prevista no ato de constituição, nas leis e nos respectivos estatutos;
X - receber subvenções, doações, heranças, legados e cooperação financeira resultante de convênios com entidades públicas e privadas.
Parágrafo único. Para garantir a autonomia didático-científica das universidades, caberá aos seus colegiados de ensino e pesquisa decidir, dentro dos recursos orçamentários disponíveis, sobre:
I - criação, expansão, modificação e extinção de cursos;
II - ampliação e diminuição de vagas;
III - elaboração da programação dos cursos;
IV - programação das pesquisas e das atividades de extensão;
V - contratação e dispensa de professores;
VI - planos de carreira docente.
Art. 54. As universidades mantidas pelo Poder Público gozarão, na forma da lei, de estatuto jurídico especial para atender às peculiaridades de sua estrutura, organização e financiamento

pelo Poder Público, assim como dos seus planos de carreira e do regime jurídico do seu pessoal.

§ 1º No exercício da sua autonomia, além das atribuições asseguradas pelo artigo anterior, as universidades públicas poderão:

I - propor o seu quadro de pessoal docente, técnico e administrativo, assim como um plano de cargos e salários, atendidas as normas gerais pertinentes e os recursos disponíveis;

II - elaborar o regulamento de seu pessoal em conformidade com as normas gerais concernentes;

III - aprovar e executar planos, programas e projetos de investimentos referentes a obras, serviços e aquisições em geral, de acordo com os recursos alocados pelo respectivo Poder mantenedor;

IV - elaborar seus orçamentos anuais e plurianuais;

V - adotar regime financeiro e contábil que atenda às suas peculiaridades de organização e funcionamento;

VI - realizar operações de crédito ou de financiamento, com aprovação do Poder competente, para aquisição de bens imóveis, instalações e equipamentos;

VII - efetuar transferências, quitações e tomar outras providências de ordem orçamentária, financeira e patrimonial necessárias ao seu bom desempenho.

§ 2º Atribuições de autonomia universitária poderão ser estendidas a instituições que comprovem alta qualificação para o ensino ou para a pesquisa, com base em avaliação realizada pelo Poder Público.

Art. 55. Caberá à União assegurar, anualmente, em seu Orçamento Geral, recursos suficientes para manutenção e desenvolvimento das instituições de educação superior por ela mantidas.

Art. 56. As instituições públicas de educação superior obedecerão ao princípio da gestão democrática, assegurada a existência de órgãos colegiados deliberativos, de que participarão os segmentos da comunidade institucional, local e regional.

Parágrafo único. Em qualquer caso, os docentes ocuparão setenta por cento dos assentos em cada órgão colegiado e comissão, inclusive nos que tratarem da elaboração e modificações estatutárias e regimentais, bem como da escolha de dirigentes.

Art. 57. Nas instituições públicas de educação superior, o professor ficará obrigado ao mínimo de oito horas semanais de aulas.

Capítulo V

Da Educação Especial

Art. 58. Entende-se por educação especial, para os efeitos desta Lei, a modalidade de educação escolar, oferecida preferencialmente na rede regular de ensino, para educandos portadores de necessidades especiais.

§ 1º Haverá, quando necessário, serviços de apoio especializado, na escola regular, para atender às peculiaridades da clientela de educação especial.

§ 2º O atendimento educacional será feito em classes, escolas ou serviços especializados, sempre que, em função das condições específicas dos alunos, não for possível a sua integração nas classes comuns de ensino regular.

§ 3º A oferta de educação especial, dever constitucional do Estado, tem início na faixa etária de zero a seis anos, durante a educação infantil.

Art. 59. Os sistemas de ensino assegurarão aos educandos com necessidades especiais:

I - currículos, métodos, técnicas, recursos educativos e organização específicos, para atender às suas necessidades;

II - terminalidade específica para aqueles que não puderem atingir o nível exigido para a conclusão do ensino fundamental, em virtude de suas deficiências, e aceleração para concluir em menor tempo o programa escolar para os superdotados;

III - professores com especialização adequada em nível médio ou superior, para atendimento especializado, bem como professores do ensino regular capacitados para a integração desses educandos nas classes comuns;

IV -educação especial para o trabalho, visando a sua efetiva integração na vida em sociedade, inclusive condições adequadas para os que não revelarem capacidade de inserção no trabalho competitivo, mediante articulação com os órgãos oficiais afins, bem como para aqueles que apresentam uma habilidade superior nas áreas artística, intelectual ou psicomotora;

V - acesso igualitário aos benefícios dos programas sociais suplementares disponíveis para o respectivo nível do ensino regular.

Art. 60. Os órgãos normativos dos sistemas de ensino estabelecerão critérios de caracterização das instituições privadas sem fins lucrativos, especializadas e com atuação exclusiva em educação especial, para fins de apoio técnico e financeiro pelo Poder Público.

Parágrafo único. O Poder Público adotará, como alternativa preferencial, a ampliação do atendimento aos educandos com necessidades especiais na própria rede pública regular de ensino, independentemente do apoio às instituições previstas neste artigo.

Título VI

Dos Profissionais da Educação

Art. 61. A formação de profissionais da educação, de modo a atender aos objetivos dos diferentes níveis e modalidades de ensino e as características de cada fase do desenvolvimento do educando, terá como fundamentos:

I - a associação entre teorias e práticas, inclusive mediante a capacitação em serviço;

II - aproveitamento da formação e experiências anteriores em instituições de ensino e outras atividades.

Art. 62. A formação de docentes para atuar na educação básica far-se-á em nível superior, em curso de licenciatura, de graduação plena, em universidades e institutos superiores de educação, admitida, como formação mínima para o exercício do magistério na educação infantil e nas quatro primeiras séries do ensino fundamental, a oferecida em nível médio, na modalidade Normal.

Art. 63. Os institutos superiores de educação manterão:

I - cursos formadores de profissionais para a educação básica, inclusive o curso normal superior, destinado à formação de docentes para a educação infantil e para as primeiras séries do ensino fundamental;

II - programas de formação pedagógica para portadores de diplomas de educação superior que queiram se dedicar à educação básica;

III - programas de educação continuada para os profissionais de educação dos diversos níveis.

Art. 64. A formação de profissionais de educação para administração, planejamento, inspeção, supervisão e orientação educacional para a educação básica, será feita em cursos de graduação em pedagogia ou em nível de pós-graduação, a critério da instituição de ensino, garantida, nesta formação, a base comum nacional.

Art. 65. A formação docente, exceto para a educação superior, incluirá prática de ensino de, no mínimo, trezentas horas.

Art. 66. A preparação para o exercício do magistério superior far-se-á em nível de pós-graduação, prioritariamente em programas de mestrado e doutorado.

Parágrafo único. O notório saber, reconhecido por universidade com curso de doutorado em área afim, poderá suprir a exigência de título acadêmico.

Art. 67. Os sistemas de ensino promoverão a valorização dos profissionais da educação, assegurando-lhes, inclusive nos termos dos estatutos e dos planos de carreira do magistério público:

I - ingresso exclusivamente por concurso público de provas e títulos;

II - aperfeiçoamento profissional continuado, inclusive com licenciamento periódico remunerado para esse fim;

III - piso salarial profissional;

IV - progressão funcional baseada na titulação ou habilitação, e na avaliação do desempenho;

V - período reservado a estudos, planejamento e avaliação, incluído na carga de trabalho;

VI - condições adequadas de trabalho.

Parágrafo único. A experiência docente é pré-requisito para o exercício profissional de quaisquer outras funções de magistério, nos termos das normas de cada sistema de ensino.

Título VII

Dos Recursos Financeiros

Art. 68. Serão recursos públicos destinados à educação os originários de:

I - receita de impostos próprios da União, dos Estados, do Distrito Federal e dos Municípios;

II - receita de transferências constitucionais e outras transferências;

III - receita do salário-educação e de outras contribuições sociais;

IV - receita de incentivos fiscais;

V - outros recursos previstos em lei.

Art. 69. A União aplicará, anualmente, nunca menos de dezoito, e os Estados, o Distrito Federal e os Municípios, vinte e cinco por cento, ou o que consta nas respectivas Constituições ou Leis Orgânicas, da receita resultante de impostos, compreendidas as transferências constitucionais, na manutenção e desenvolvimento do ensino público.

§ 1º A parcela da arrecadação de impostos transferida pela União aos Estados, ao Distrito Federal e aos Municípios, ou pelos Estados aos respectivos Municípios, não será considerada, para efeito do cálculo previsto neste artigo, receita do governo que a transferir.

§ 2º Serão consideradas excluídas das receitas de impostos mencionadas neste artigo as operações de crédito por antecipação de receita orçamentária de impostos.

§ 3º Para fixação inicial dos valores correspondentes aos mínimos estatuídos neste artigo, será considerada a receita estimada na lei do orçamento anual, ajustada, quando for o caso, por lei que autorizar a abertura de créditos adicionais, com base no eventual excesso de arrecadação.

§ 4º As diferenças entre a receita e a despesa previstas e as efetivamente realizadas, que resultem no não atendimento dos percentuais mínimos obrigatórios, serão apuradas e corrigidas a cada trimestre do exercício financeiro.

§ 5º O repasse dos valores referidos neste artigo do caixa da União, dos Estados, do Distrito Federal e dos Municípios ocorrerá imediatamente ao órgão responsável pela educação, observados os seguintes prazos:

I - recursos arrecadados do primeiro ao décimo dia de cada mês, até o vigésimo dia;

II - recursos arrecadados do décimo primeiro ao vigésimo dia de cada mês, até o trigésimo dia;

III - recursos arrecadados do vigésimo primeiro dia ao final de cada mês, até o décimo dia do mês subseqüente.

§ 6º O atraso da liberação sujeitará os recursos à correção monetária e à responsabilização civil e criminal das autoridades competentes.

Art. 70. Considerar-se-ão como de manutenção e desenvolvimento do ensino as despesas realizadas com vistas à consecução dos objetivos básicos das instituições educacionais de todos os níveis, compreendendo as que se destinam a:

I - remuneração e aperfeiçoamento do pessoal docente e demais profissionais da educação;

II - aquisição, manutenção, construção e conservação de instalações e equipamentos necessários ao ensino;

III - uso e manutenção de bens e serviços vinculados ao ensino;

IV - levantamentos estatísticos, estudos e pesquisas visando precipuamente ao aprimoramento da qualidade e à expansão do ensino;

V - realização de atividades-meio necessárias ao funcionamento dos sistemas de ensino;

VI - concessão de bolsas de estudo a alunos de escolas públicas e privadas;

VII - amortização e custeio de operações de crédito destinadas a atender ao disposto nos incisos deste artigo;

VIII - aquisição de material didático-escolar e manutenção de programas de transporte escolar.

Art. 71. Não constituirão despesas de manutenção e desenvolvimento do ensino aquelas realizadas com:

I - pesquisa, quando não vinculada às instituições de ensino, ou, quando efetivada fora dos sistemas de ensino, que não vise, precipuamente, ao aprimoramento de sua qualidade ou à sua expansão;

II - subvenção a instituições públicas ou privadas de caráter assistencial, desportivo ou cultural;

III - formação de quadros especiais para a administração pública, sejam militares ou civis, inclusive diplomáticos;

IV - programas suplementares de alimentação, assistência médico-odontológica, farmacêutica e psicológica, e outras formas de assistência social;

V - obras de infra-estrutura, ainda que realizadas para beneficiar direta ou indiretamente a rede escolar;

VI - pessoal docente e demais trabalhadores da educação, quando em desvio de função ou em atividade alheia a manutenção e desenvolvimento do ensino.

Art. 72. As receitas e despesas com manutenção e desenvolvimento do ensino serão apuradas e publicadas nos balanços do Poder Público, assim como nos relatórios a que se refere o § 3º do art. 165 da Constituição Federal.

Art. 73. Os órgãos fiscalizadores examinarão, prioritariamente, na prestação de contas de recursos públicos, o cumprimento do disposto no art. 212 da Constituição Federal, no art. 60 do Ato das Disposições Constitucionais Transitórias e na legislação concernente.

Art. 74. A União, em colaboração com os Estados, o Distrito Federal e os Municípios, estabelecerá padrão mínimo de oportunidades educacionais para o ensino fundamental, baseado no cálculo do custo mínimo por aluno, capaz de assegurar ensino de qualidade.

Parágrafo único. O custo mínimo de que trata este artigo será calculado pela União ao final de cada ano, com validade para o ano subseqüente, considerando variações regionais no custo dos insumos e as diversas modalidades de ensino.

Art. 75. A ação supletiva e redistributiva da União e dos Estados será exercida de modo a corrigir, progressivamente, as disparidades de acesso e garantir o padrão mínimo de qualidade de ensino.

§ 1º A ação a que se refere este artigo obedecerá a fórmula de domínio público que inclua a capacidade de atendimento e a medida do esforço fiscal do respectivo Estado, do Distrito Federal ou do Município em favor da manutenção e do desenvolvimento do ensino.

§ 2º A capacidade de atendimento de cada governo será definida pela razão entre os recursos de uso constitucionalmente obrigatório na manutenção e desenvolvimento do ensino e o custo anual do aluno, relativo ao padrão mínimo de qualidade.

§ 3º Com base nos critérios estabelecidos nos §§ 1º e 2º, a União poderá fazer a transferência direta de recursos a cada estabelecimento de ensino, considerado o número de alunos que efetivamente freqüentam a escola.

§ 4º A ação supletiva e redistributiva não poderá ser exercida em favor do Distrito Federal, dos Estados e dos Municípios se estes oferecerem vagas, na área de ensino de sua responsabilidade, conforme o inciso VI do art. 10 e o inciso V do art. 11 desta Lei, em número inferior à sua capacidade de atendimento.

Art. 76. A ação supletiva e redistributiva prevista no artigo anterior ficará condicionada ao efetivo cumprimento pelos Estados, Distrito Federal e Municípios do disposto nesta Lei, sem prejuízo de outras prescrições legais.

Art. 77. Os recursos públicos serão destinados as escolas públicas, podendo ser dirigidos a escolas comunitárias, confessionais ou filantrópicas que:

I - comprovem finalidade não-lucrativa e não distribuam resultados, dividendos, bonificações, participações ou parcela de seu patrimônio sob nenhuma forma ou pretexto;

II - apliquem seus excedentes financeiros em educação;

III - assegurem a destinação de seu patrimônio a outra escola comunitária, filantrópica ou confessional, ou ao Poder Público, no caso de encerramento de suas atividades;

IV - prestem contas ao Poder Público dos recursos recebidos.

§ 1º Os recursos de que trata este artigo poderão ser destinados a bolsas de estudo para a educação básica, na forma da lei, para os que demonstrarem insuficiência de recursos, quando houver falta de vagas e cursos regulares da rede pública de domicílio do educando, ficando o Poder Público obrigado a investir prioritariamente na expansão da sua rede local.

§ 2º As atividades universitárias de pesquisa e extensão poderão receber apoio financeiro do Poder Público, inclusive mediante bolsas de estudo.

Título VIII

Das Disposições Gerais

Art. 78. O Sistema de Ensino da União, com a colaboração das agências federais de fomento à cultura e de assistência aos índios, desenvolverá programas integrados de ensino e pesquisa, para oferta de educação escolar bilingüe e intercultural aos povos indígenas, com os seguintes objetivos:

I - proporcionar aos índios, suas comunidades e povos, a recuperação de suas memórias históricas; a reafirmação de suas identidades étnicas; a valorização de suas línguas e ciências;

II - garantir aos índios, suas comunidades e povos, o acesso às informações, conhecimentos técnicos e científicos da sociedade nacional e demais sociedades indígenas e não-índias.

Art. 79. A União apoiará técnica e financeiramente os sistemas de ensino no provimento da educação intercultural às comunidades indígenas, desenvolvendo programas integrados de ensino e pesquisa.

§ 1º Os programas serão planejados com audiência das comunidades indígenas.

§ 2º Os programas a que se refere este artigo, incluídos nos Planos Nacionais de Educação, terão os seguintes objetivos:

I - fortalecer as práticas sócio-culturais e a língua materna de cada comunidade indígena;

II - manter programas de formação de pessoal especializado, destinado à educação escolar nas comunidades indígenas;

III - desenvolver currículos e programas específicos, neles incluindo os conteúdos culturais correspondentes às respectivas comunidades;

IV - elaborar e publicar sistematicamente material didático específico e diferenciado.

Art. 80. O Poder Público incentivará o desenvolvimento e a veiculação de programas de ensino a distância, em todos os níveis e modalidades de ensino, e de educação continuada.

§ 1º A educação a distância, organizada com abertura e regime especiais, será oferecida por instituições especificamente credenciadas pela União.

§ 2º A União regulamentará os requisitos para a realização de exames e registro de diploma relativos a cursos de educação a distância.

§ 3º As normas para produção, controle e avaliação de programas de educação a distância e a autorização para sua implementação, caberão aos respectivos sistemas de ensino, podendo haver cooperação e integração entre os diferentes sistemas.

§ 4º A educação a distância gozará de tratamento diferenciado, que incluirá:

I - custos de transmissão reduzidos em canais comerciais de radiodifusão sonora e de sons e imagens;

II - concessão de canais com finalidades exclusivamente educativas;

III - reserva de tempo mínimo, sem ônus para o Poder Público, pelos concessionários de canais comerciais.

Art. 81. É permitida a organização de cursos ou instituições de ensino experimentais, desde que obedecidas as disposições desta Lei.

Art. 82. Os sistemas de ensino estabelecerão as normas para realização dos estágios dos alunos regularmente matriculados no ensino médio ou superior em sua jurisdição.

Parágrafo único. O estágio realizado nas condições deste artigo não estabelecem vínculo empregatício, podendo o estagiário receber bolsa de estágio, estar segurado contra acidentes e ter a cobertura previdenciária prevista na legislação específica.

Art. 83. O ensino militar é regulado em lei específica, admitida a equivalência de estudos, de acordo com as normas fixadas pelos sistemas de ensino.

Art. 84. Os discentes da educação superior poderão ser aproveitados em tarefas de ensino e pesquisa pelas respectivas instituições, exercendo funções de monitoria, de acordo com seu rendimento e seu plano de estudos.

Art. 85. Qualquer cidadão habilitado com a titulação própria poderá exigir a abertura de concurso público de provas e títulos para cargo de docente de instituição pública de ensino que estiver sendo ocupado por professor não concursado, por mais de seis anos, ressalvados os direitos assegurados pelos arts. 41 da Constituição Federal e 19 do Ato das Disposições Constitucionais Transitórias.

Art. 86. As instituições de educação superior constituídas como universidades integrar-se-ão, também, na sua condição de instituições de pesquisa, ao Sistema Nacional de Ciência e Tecnologia, nos termos da legislação específica.

Título IX

Das Disposições Transitórias

Art. 87. É instituída a Década da Educação, a iniciar-se um ano a partir da publicação desta Lei.

§ 1º A União, no prazo de um ano a partir da publicação desta Lei, encaminhará, ao Congresso Nacional, o Plano Nacional de Educação, com diretrizes e metas para os dez anos seguintes, em sintonia com a Declaração Mundial sobre Educação para Todos.

§ 2º O Poder Público deverá recensear os educandos no ensino fundamental, com especial atenção para os grupos de sete a quatorze e de quinze a dezesseis anos de idade.

§ 3º Cada Município e, supletivamente, o Estado e a União, deverá:

I - matricular todos os educandos a partir dos sete anos de idade e, facultativamente, a partir dos seis anos, no ensino fundamental;

II - prover cursos presenciais ou a distância aos jovens e adultos insuficientemente escolarizados;

III - realizar programas de capacitação para todos os professores em exercício, utilizando também, para isto, os recursos da educação a distância;

IV - integrar todos os estabelecimentos de ensino fundamental do seu território ao sistema nacional de avaliação do rendimento escolar.

§ 4º Até o fim da Década da Educação somente serão admitidos professores habilitados em nível superior ou formados por treinamento em serviço.

§ 5º Serão conjugados todos os esforços objetivando a progressão das redes escolares públicas urbanas de ensino fundamental para o regime de escolas de tempo integral.

§ 6º A assistência financeira da União aos Estados, ao Distrito Federal e aos Municípios, bem como a dos Estados aos seus Municípios, ficam condicionadas ao cumprimento do art. 212 da Constituição Federal e dispositivos legais pertinentes pelos governos beneficiados.

Art. 88. A União, os Estados, o Distrito Federal e os Municípios adaptarão sua legislação educacional e de ensino às disposições desta Lei no prazo máximo de um ano, a partir da data de sua publicação.

§ 1º As instituições educacionais adaptarão seus estatutos e regimentos aos dispositivos desta Lei e às normas dos respectivos sistemas de ensino, nos prazos por estes estabelecidos.

§ 2º O prazo para que as universidades cumpram o disposto nos incisos II e III do art. 52 é de oito anos.

Art. 89. As creches e pré-escolas existentes ou que venham a ser criadas deverão, no prazo de três anos, a contar da publicação desta Lei, integrar-se ao respectivo sistema de ensino.

Art. 90. As questões suscitadas na transição entre o regime anterior e o que se institui nesta Lei serão resolvidas pelo Conselho Nacional de Educação ou, mediante delegação deste, pelos órgãos normativos dos sistemas de ensino, preservada a autonomia universitária.

Art. 91. Esta Lei entra em vigor na data de sua publicação.

Art. 92. Revogam-se as disposições das Leis nºs 4.024, de 20 de dezembro de 1961, e 5.540, de 28 de novembro de 1968, não alteradas pelas Leis nºs 9.131, de 24 de novembro de 1995 e 9.192, de 21 de dezembro de 1995 e, ainda, as Leis nºs 5.692, de 11 de agosto de 1971 e 7.044, de 18 de outubro de 1982, e as demais leis e decretos-lei que as modificaram e quaisquer outras disposições em contrário.

Brasília, 20 de dezembro de 1996; 175º da Independência e 108º da República.

Fernando Henrique Cardoso

Paulo Renato Souza

Este livro foi impresso pela
Gráfica Fotolaser em setembro de
2008 sobre papel offset 90 g/m².